評伝 川島つゆ 下

売文と
ひともこそいへ……

古庄ゆき子

ドメス出版

川島つゆ先生
1935（昭和10）年

著者近影
川島先生の眠る別府霊園にて

別府・志賀高原にて
1965(昭和40)年秋

望月百合子氏帰国歓迎会にて
上段右から6人目川島つゆ／前列中央望月百合子氏 1939年(提供・現代女性文化研究所)

はじめに

謹んで川島つゆ先生のご霊前に拙著『評伝 川島つゆ』下巻を捧げます。
『評伝 川島つゆ』上巻を出しましたのは六年前の二〇一四（平成二六）年一〇月でございました。そのとき、下巻もできるだけ早く、必ず私自身の手で出させていただきますと、お誓いしたのでしたが、不覚にも昨年（二〇一八）年末から体調を損ね、入・退院を繰り返す状態となりました。完成が遅れましたうえ、先生の歩まれた八〇年をしっかりと描きえなかった反省が濃く、内心忸怩《じくじ》たるものがございます。

ただ残されておられた「徹頭徹尾自叙伝風」とおっしゃる小説『埋もれたる泉』を読ませていただき、明治の東京・大川端育ちの典型的下町娘の心・生き方がどんなものか、その娘がどうして文筆の道へ入ったか、そこにあったいろいろな困難等を知ることはできました。

先生は民間研究会での男女共学の実践者のはしりの方です。それは勝峰晋風《かつみねしんぷう》氏のもとで始まりました。関東大震災後、新聞記者から俳諧研究者に転身した彼は、一九二四（大正一三）年九月、俳誌『にひはり』を舞台に「近代俳人の研究」を始められましたが、先生はこのとき師事していた沼波瓊音《ぬなみけいおん》氏から勝峰氏の教えを受けるようすすめられたのでした。

その後、沼波氏の「勝峰観」が一変して、勝峰氏には絶交を申し渡し、先生は「下らぬ男に近づいている下らぬ女」として嫌われる事件が起こったのです（森銑三『新編明治人物夜話』）、しかし先生は長期にわたる勝峰氏の研究会への参加は止めませんでした。

川島先生は男性のなかに一人交じっているのに、男性の「女性軽視」論に迎合することはありませんでした。例えば、男性側から女性に向けられる賛辞「女ながらも」は厳しく批判しました。女性全体を低いものと見立てての賛辞だからです。また、人物や文学作品の批評に安易に「女らしい」という言葉を使うことに批判的でした。人物や作品に対する適切な標語を見いだせずに「女らしい」と流してしまうことへの批判です。先生の理想とされたのは「女の作品」であるとか、「男の作品」であるとかいう区分のない「立派な作品」でした。

明治生まれの女性として、先生はきわめて稀な生き方をされてこられました。この「下巻」ではそのことに触れてゆきたいと考えます。そのことが、この時代の下町育ち女性の新しい「像」として存したことを明らかにすると考えるからです。

子供のころから大人の入り口まで戦争にたたられた、「史上最低の学力集団」の一人である私に、学問研究を通して生きる勇気を与えてくださった先生に心から感謝いたします。

二〇二〇年三月

古庄ゆき子

評伝 下

川島つゆ

売文とひともこそいへ……

もくじ

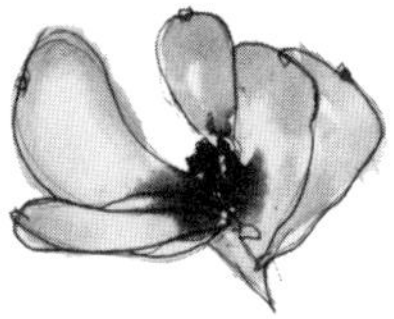

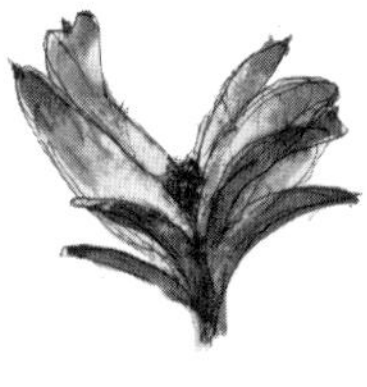

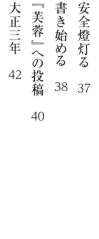

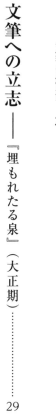

＊サブタイトルは歌詩集『いづみ』別府大学短歌会刊より。
＊引用資料の表記は、新旧漢字・かなづかいの混在もみられるが、ままとした。
＊現在では使われていない言葉も、歴史的用語としてそのまま使用した。

カバー原画／柴田秀吉
目次・扉・さし絵／首藤順一・首藤万作
装幀／市川美野里

一　お手玉――少女時代（明治期）

1　父と母

親ふたりありて明るき家に住む
　人をし見れば涙こぼるゝ
（『玫瑰《はまなす》』）

川島つゆ（本名以し、沼田頼輔との結婚により沼田以しとなる）は、川嶋與一郎・黒淵与しの娘として、一八九二（明治二五）年一月一〇日、埼玉県北埼玉郡忍町大字行田（現 埼玉県行田市）に生まれた。

父の姓と母の姓の異なっていること、両親が一緒に住む家のないことは、つゆの生涯にわたる悲しみの源であった。

つゆは物を書き、発表しはじめたごく初期、縁の薄かった父の愛を

雁燕春と秋とのゆきかへり
　吾が頭をば撫でに来し父
（『俳味』大正四年七月号）

とうたった。「雁燕春と秋とのゆきかへり」は言葉のあやではない。つゆの父は「一年に一度か二度上京して来る」ひとであった。(注1)

稀に上京してきた父は、「つゆは悧巧だなあ」といって柔かな髪の毛をなでてくれた。だが「父親に抱かれた記憶は持たなかった。」一つ家に住むことのなかったためである。

たった一度、彼女が七つの時に、両国橋から小伝馬町まで父親と一つ俥に乗ったことがあった。今も彼女はどうかすると、柔かいソファーなどにポコンと身を埋めた時に、ふと父親の温味の懐しく全身に伝はって来る遠い日の追憶の中に帰らせられることがあった。(注2)

父は「かみなり親父」として近隣に知られていたが、つゆはこの人からただの一度も叱られたことがなかった。彼女が特別におとなしい娘であったこともあろうが、これもやはり一緒に暮らしたことがなかったためであったろう。つゆは父から叱られたことのないことを深い悲しみとした。

彼女は時に父の家、川嶋本家へ呼ばれることがあったが、そこで、一緒に暮らしている初孫を父が抱き上げているのを見て、子供心にも妬《ねた》ましく思うことがあった。

この子は何でも私の得なかったものをえて居る（中略）自分はまるで父親から忘られて居るやうな子だと思はれた。人の子として当然受くべかりしものを受けなかった自分。求めても求めても求められないものを求める心。(注3)

以上は、つゆが二〇代から三〇代初めにかけて書いた自伝的小説（未完）の語るところである。この小説は二〇代初めに経験した恋愛を中心に描いているのだが、自分の恋愛の失敗した原因を幼少時からの「その淋しい心の中に培われていた」と捉えている。

つゆは「淋しい運命の割戻し」のように父親似であった。

母は小さかつたが、私は長身である。母の髪は硬く濃く短かかつたが、私のは反対である。高い鼻も、やわらかい唇も、悲しみをふくんだ眼の下のたるみまでも父そのまゝである。(注4)

鏡の前に座って、つくづくとわが顔や髪に見入るとき、父懐かしの思いはつのった。

唇もこの柔らかき髪さへも
　父のものなり父ぞ恋しき
（『玫瑰』）

その父が禿頭になった。

三つの歳父の頭の光れるを
　よう月代《ぢより》剃りしと誉めまつりしわれ
（『玫瑰』）

三歳の、おしゃまになったつゆが、久しぶりに訪ねてきた父の禿頭をめざとく見つけ、月代《さかやき》を剃ったものと思い込んで、その禿頭を誉めそやしたのである。
後年の回想による歌だが、父は二四歳あたりから頭髪が抜け落ちはじめ、頭が明るくなっていくのに、人知れず心を痛めていたのだが、幼い娘から大真面目に誉め言葉を浴びせかけられては、苦笑するほかなかったろう。これは父娘の残している数少ない交歓図の一つである。

つゆの父、川嶋與一郎は、忍町の特産であった足袋《たび》の大手製造業者の一人であったが、川嶋家が町役人の家柄でもあったので、何かのときにはかみしもをつけて、一刀を差した。そのとき彼の小鬢《こびん》には「段がついていた」らしい。
娘のつゆも幼ないときから母に「猫ッ毛」と呼ばれていた。ひさし髪になった高等小学校の終わりころから「生際《はえぎわ》の癖ではひさし髪時代に大分苦労」した。(注5)

一九〇三(明治三六)年二月一一日、天保生まれの父 川嶋與一郎死去。つゆ一二歳のときであった。

奇《く》しき運命あまた生み置き
　黙々と墓に入りにし不思議の父を(注6)

つゆには実兄が二人いたが、一人は生涯病気がちあった。異母兄の「良さん」も青年期から病弱となり、もう一人の異母兄も同様であった。(注7)子供たちに「奇しき運命」を与えたのが、父であることを知りながら、「不思議の父を」には、父への思慕がみえる。

「かみなり親父」の父は「一面、秋の木の葉のちるのを見ると涙がこぼれて困る、といふやうな感傷的なところもあつた。(注8)」

川島は俳諧研究によって始まった一茶研究においても『一茶俳句新釋』、その後の『芭蕉七部集俳句鑑賞』にも代表されるように、作品鑑賞・批評で力を発揮した。その資質は、繊細な感覚をもっていたという父から受けつぎ、発展させたもののように思われる。

天保生まれ、一九〇三年に没した父は、母より二〇歳近く年長であった。つゆは母四〇歳の年に生まれた。長兄は一八七四年生まれで、つゆとは一八歳の差があった。父と母との二〇歳の差、長兄とつゆとの一八歳の差も問題を孕《はら》んでいたが、母とつゆの四〇歳の違いは何といっても大きすぎる。以下、短歌七首は句歌詩集『玫瑰《はまなす》』に収められたつゆの嘆きの歌である。

四十年時の違《たが》へる母と子が
　背中合せに歎きける哉

母は母で、娘は娘で歎きは深い。もっともこの母娘は一心同体でもある。

いささかの憤りさへ分かちたく
　母と娘の語らひ尽きぬ

それだけに母の老いへの心配は深い。

老いませる母の寝顔を見守れば
　我ことも皆捨てて悲しき

ヂヂと鳴く地虫のごとく栄えずとも
　猶生きてまし母のいます間は

大根干す縁にかゞみて針を持つ
　母の老いをば見るが悲しき

母は、新時代の象徴のような女学校出の、ものを読み、書く娘と違って、人生の煩悶《はんもん》などとは縁のない、働くことを生甲斐とする、健康な人である。

死にたやとふと針置きて思ふ時
　母は斧もて薪割りてあり

句もなくて淋しき今日よ我が母は

針の進みをよろこびてあり

両親揃った家庭に育つことができなかったつゆは、母と長兄のもとで養育された。長兄は少年時代からM物産で「仕立てられた」人であったが、二〇歳になったのを機に母が上京、彼を戸主とする「家」をつくった。父の在世中のことであったから、当然父の意思が働いてのことだったろう。二歳にならない赤ん坊のつゆも母におんぶされて同行した。

新しい川島家が発足したのは「浅草三筋町のささやかな家」(注9)においてであった。ささやかといっても離室もあって、家長の兄がそこにおさまった。つゆとM物産に勤める「親子ほど年齢のちがう厳格な兄と、老いた母との三人暮らし」が始まったのだが、「大人の都合のいいようにしつけられていた」つゆは、質問ということのできない子供に育っていった。(注10)

後年のつゆの作品だが、彼女の幼少期を考えさせる短歌がある。

恥しきこと云はるればやがて泣き
　痛みに堪へし私《わ》が幼な立ち
(『玫瑰』)

疳《かん》の強い子で「恥しきこと」(卑猥《ひわい》なこと＝筆者注)を言われると泣くことで痛みに堪えた。母はこの子のために、毎年春になると箱根の山からお爺さんが背負って来る「はこね山さんせうのうを」と、やっぱり春になるとやってくる妙に陰気臭い、それでいて、「奥州といふ土地を遠くはるかに思ひやらせる声」で、「奥州犀川の名産孫太郎虫。五疳驚風むし一さいの妙薬」とふれ歩く男から孫太郎虫を買って併用してくれた。

つゆがまだ乳飲児のころ、二、三疋の孫太郎虫を煎じ出した汁を唇にぬってもらっただけで、落ち着いてよく眠ったものだったと、後年、母から昔語りに聞かされた。

母は売り物に頼ったばかりではなかった。初めに住んだ浅草三筋町の家は庭が広かったが、母はそこで疳《かん》の薬だという蝸牛《かたつむり》の大きいのを見つけては殻をくだき、塩水でよく洗って串に刺し、つけ焼きにしてくれた。子供の口にもそれは「うまいものであつた。(注11)」

つゆはこうした配慮について、

母は昔者で、孤独な子供の心に糧を送つたり、虚弱体質に特殊な栄養を与へたりすることについては無知であつたが、その結果として現れる子供の神経衰弱、疳の手当については人一倍注意深かつた。(注12)

という深い理解をもって回想している。

恐らく民間療法のもとで育った母は、自らの経験をあげて対処し、それに箱根の山から「さんせうのうを」を担いで来るお爺さんや、奥州から孫太郎虫を運んでくる男の見聞・知恵にも頼ったに違いない。

つゆは母を「昔者」というが、文明開化の先進地東京でも下町には「昔者」の生きられる場が少なからずあったことを、ほかならぬつゆ自身が、後年さまざまに回想し、記録している。

それによると、母の民間医療は民間信仰へ連なっていた。

元来、虚弱な体質で、小さいときにはセキがひどかったものとみえて、母といっしょに観音様（東京浅草の）へゆくと、きまって、境内の馬頭観音の白い神馬のつながれているところへ連れてゆかれてなにがしかのお賽銭《さいせん》とともにそこで売っている豆を神馬に供えて、その代わりに食べかけの豆、それも飼いばおけの中にあるよだれのついたのを特にたのんでもらってくるのであった。その豆をいかようにして食べさせられたか記憶していないが、馬のよだれをなめさせられたことだけは確実である。また近所の不動さまへ朝詣りにやらされたこともあった。それをこばむことのできるようには育てられていなかった。仕方なくお賽銭を投げてお辞儀してくるだけであったが、人に見られるのが実に恥ずかしかった。

私はまたムシ歯の痛みにしばしば悩まされたので、いかがな民間療法（歯のウロへ味噌で練った綿をつめて焼きゴテを当てる）に、連れてゆかれたこともあった。私の歯痛のために母は信州の戸隠し様に願かけして、私の代わりに三、四年梨《なし》を断っていた。(注13)

もっともつゆは母の指示による「近所の不動さまへ朝詣り」を、「人に見られるのが実に恥ずかしかった」というのだから、これがもうすでに少数派の行為になっていたに違いない。それでも医療の対象としてのお不動様が近所に祀られており、つゆのように親の強制によってであれ、「朝詣り」する人もいたのである。母は娘のために、懸命に、そして恐らく生き生きと、彼女たちのなかに習慣化されている、民間信仰に連動する民間医療を施していたように思われる。

その一方、やはりつゆが指摘するように、母は幼いつゆの「孤独な子供の心に糧を送る」ことはできなかった。というより二〇歳になったばかりの息子を戸主とする「家」をつくる立場に立っていたからである。後年のつゆの目にはそれが見えてきていた。

父なき子やがて母なき子なりけり
　母は父もつとめて(注14)

とうたっている。父のない子は、母が父の「家」秩序づくりを代行するために、母をも失うことを嘆いているのである。

幼児期のつゆの疳の根本原因は、長兄を戸主としてつくられる「家」秩序・人間関係にあった。しかし、当時の家族制度のもとでは、それは自然そのものとして受け入れられ、疑いの目を向けることはまずなかった。幼いつゆはそれを皮膚で、痛みとして感じとっていたのである。

父親がなくて長兄が親代わりだったので、兄にたいしては身体の堅くなるような厳粛な思い出ばかりである。母親からはまた兄にたいする義理というカセでいためつけられていたので、日かげの草のようにひっそりと息ついて、タマという三毛ネコだけを相手にみずからの描き出す空想の中にかくれ住む顔色のわるい少女であった。(注15)

注1　「花の随筆」『黄橙』一九三五年一〇月号
注2　『埋もれたる泉』。つゆをモデルにした自伝的小説。未刊草稿。「蔦子」はその小説の主人公の名前。
注3　同前
注4　『三猿記』別府大学同窓会・一九六二年三月刊
注5　同前
注6　『黄橙』一九三五年一〇月号
注7　前掲、注2
注8　前掲、注4
注9　前掲、注4
注10　「この頃の新聞から」『国語大分』二号
注11　前掲、注4
注12　前掲、注4
注13　「馬のよだれ」『川島つゆ遺稿集　紫匂う』
注14　『俳味』一九一五年七月号
注15　「かるた」前掲、注13

2　お手玉
――少女時代

つゆが小学校三年生になったばかりのころ、川島家は本所横網一丁目―大川端に移った。北原白秋が

　定　斎《じょうさい》の軋みせはしく橋わたる
　　江戸の横網鶯の啼く

とうたったあの横網である。つゆは「定斎売り」は、「解説しておかぬと最早わからなくなって了《しま》ふかも知れない」として次のように解説している。

　定斎は肉桂色の粉薬で、渋色の紙袋に入つてゐた。ブリキ製の平たい柄杓形の小匙がついてゐて、この匙一杯に塩を少し加へて熱湯をついでのむのである。塩気があるので飲みにくゝなかつた。主として暑気当りの薬とされてゐたが、一寸した風邪などにもよかつた。馬喰町のいと又が本舗で、震災前（関東大震災―筆者注）に既に十三代を数へる老舗であつた。店のしるし物を着た男が螺鈿《らでん》の薬箱をかついで来るのであつたが、錠前に特別の仕

掛けがあつたのか、かつぎ手の修練によるのか、カツタタ……と忙しい、単調な音をたてゝ来る。今一人、銭カバンを首にかけた人がつきそつてゐて「定斎屋で御座い」と小腰をかゞめて通つた。鼠色の麻の短い半纏を着てゐた。この人は無帽ときまつてゐた。つまり、炎天干しになつても暑気当りせぬといふ薬の効能をのべる看板になつてゐた訳である。永年顔なじみの、この陽にやけた番頭さんの態度にも、受入れる側の感情にも、普通の呼売とは違ふものがあつた。御機嫌よう又まゐりました、といふ心持が通つて、カッタタ……の音が近づいて来ると、主婦達は物なつかしい思で、この常備薬を求めるのであつた。(注1)

白秋がうたった「橋」は川島家の移った横網一丁目と隣の二丁目を隔てる濠《ほり》の上に架けられているお蔵橋である。二丁目は安田財閥の本邸・一族の邸・陸軍被服廠跡等があった(この地は後年、関東大震災時、集中的被災地となった)。

川島家が大川端に移ったのは白秋がうたった横網の面影が急速に失われてゆきつつあった時期であった。お蔵橋以南の地は、まだ草ぼうぼうとして狐が出るということであったが、そこが何時の間にか両国停車場となった。

川島家が引っ越ししたのは尾州家下屋敷あとであった。そういうものが売りに出る時代であった。その一部を近所の医者が買い取り、改築して使っていたのに川島家が移ったのだという。「それまで向河岸の小さな屋敷に尾州家の息女(当時 侯爵夫人)と祖母君が住はれてゐたのであつたが、その屋敷も崩されて意気な小家が殖えた。(注2)」

大川端に移るころからの川島家の変化も大きかった。まず長兄が「或事情の下に、少年時代から仕立てられた三井物産を退い」たこと、それを機会に、某大学に入学、小倉袴をつけて通うことになったこと、その前後に結婚したこと等、暮らしが激変した。(注3)

兄の結婚はつゆにとって「兄の厄介者」という立場に、嫂に対する「小姑」の立場が加わった。母はつゆを厳しく育てようとしていたが、その言動が嫁に対する当てつけになることを恐れた。つゆはつゆで、嫂に対する言葉に苦労した。恐らく嫂はもっと心を労していたであろう。つゆがものを書きはじめた、二〇代初めに次の歌がある。

遠廻りしては云ふ癖小姑の
　遠慮の癖の今に直らぬ
（『玫瑰』）

つゆ一一歳のころであった。夜、兄夫婦が二階に上がってしまうのを待って、母から真っ暗ななかで諄々《じゅんじゅん》と其日一日の非を責められた。

当時お手玉取りに夢中になっていて、そのため兄に言いつかっていた仕事を忘れたり、仕事中の嫂の手をわずらわせることがしばしば起きていた。つゆは、後年、彼女のお手玉遊びが引き起こす家庭内のトラブルを描いている。

私はお手玉が大好きだつた。そして上手だつた。学校に居る間ばかりでなく、家へ帰つてからも間がな隙がなやりたくてやりたくて堪らなかつたのだ。

おひとおふたおみいおようおいつおむうなつてくりよ、トンキリ。おひと桜、おふた桜、おみい桜……

長い袖をもつれ合して、頬を赤めて、一心に眼と手を働かせるお手玉取りは、まことに少女にふさはしい遊び方である。けれど私にはそれすら許されて居なかつた。父のない子、兄の厄介になる子、小姑、それが即ち私であつたから。そしてその間に挟まる母の感情は又頗る複雑したものであつた。

私は大風の中に立つ裸木のやうに始終おびへて、母の気色ばかりうかゞつて居た。（中略）でも矢つ張り子供心はゆるみ易くつて、ふと例のお手玉を弄《もてあそ》び始めると私はもう夢中になつて了つて、つい兄の用を達さなかつたり、郵便やが投込んで行つたのも知らずに、裁縫して居る嫂を立たせたりしては、其度毎にグッとにらまれた。それが幾度だか知れない。私は実に神経を刺されるやうな慄《ふる》へを覚えた。そして義理にからまれる母の心持もよく分つて居るのだから、自分でも如何かして「止めやう止めやう家に居る間だけは決して手に取るまい」と、いくら決心しても如何いふものかお手玉と縁を絶つことが出来ない。

（中略）

ある夕方又ひどく叱られたので、私は其時つく〴〵考へた。このお手玉さへなかつたら、このお手玉が敵だと――

捨てやう思切つて捨てやう、けれどさう考へた時私は悲しかつた。其時私の持つて居たお手玉は、叔母に貰つたきれでこしらへた燃えるやうな紅と浅黄の段だら染で、私としては生れて始めて持つた此上もない結構なものであつたのだから。私は惜しかつた、実に惜しかつた。でもとうとそれを捨てた。

私は捨場に迷つた。可愛い〳〵お手玉を迚《とて》も不浄場などへは捨てられない、さうかと云つて目に付く処ではいけないし、ゴミ箱へ……けれど其儘では如何しても残り惜しくて堪らなかつた。で思切つて鋏でプツン〳〵と創《きず》つけて中から小豆粒がハラ〳〵とこぼれ出した時、私の目からも涙がこぼれた。定めし紅い涙であつたらう。私は捨て丶了つてからも暫く其処に立尽して居た。――夕暗の中に、ゴミ箱の前に――

其時私の頭の上には横さまに時雨がサラ〳〵とそ丶いで居た。注(4)

注1　注2　注3　『三猿記』別府大学同窓会刊　一九六二年三月発行
注4　「無題」『木太刀』一九一五年一一月号

3　一家の激変

大川端に移ってから、川島家の変化はさらに深刻化していった。

長兄が学業半ばで、折からの日露戦争（一九〇四年二月一〇日、日本がロシアに宣戦布告、一九〇五年九月、日露講和条約＝筆者注）に「召集」され、第一軍の糧食縦列の小隊長として「出征」したこと、帰還後復学したが、在満二年の間に体を痛めていたために、卒業と同時「病床の人」となり、やがて嫂とともに、鎌倉に転地していったこと。残された母は、もとは医者の家だったのを商家風に改造して、行田の川嶋本家の足袋製品を取り寄せて、甥の「健さん」を相手に、卸小売の店を始めた。つゆは女学校に通うようになっていた。

そしてつゆが二〇歳の年、長兄は死去。次兄が戸主となった。彼は病弱で、行田の川嶋本家で養生していたが、結婚をきっかけに、つゆたちの大川端の家に移り住んだ。しかし不幸にも一カ月あまりで破婚となった。母と次兄とつゆとの生活は、関東大震災時、被災後のトタン屋根の小屋の時代まで営まれた。

天井の落ち来るを待つ心かな

親子はらから言葉もなくて
黙し居て兄の毒舌聞きしあと
思ふも苦し世と金のこと
（『玫瑰』）

この時期、娘は母からの独立を宣言する。

月は月親は親子は子なりけり
（『玫瑰』）

ものを書き、発表し始めた一九一四（大正三）年つゆ二三歳のときである。

二　文筆への立志――『埋もれたる泉』（大正期）

1　川島つゆはこうして文筆の道に入った

川島は未刊の小説『埋もれたる泉』を残した。「この一編を残せば死んでもよい」とまで思いを込めたものである。表紙に朱で「イキ」と入れてある。いずれ出版するつもりであったに違いない。

この原稿は関東大震災の一九二三年（大正一二年九月一日＝筆者注）前から八年がかりで取り組んでいたというものである。大震災当日も朝の片づけを済ませて二階へ上り、前日の続きを書こうとした瞬間、眼の前の原稿用紙の上にドサッと土砂が落ちてきた。その瞬間川島は原稿用紙の端に次の記録を残している。

時に大正十二年九月一日激震至る。午前十一時五十八分机上の原稿忽ち土砂埋る。即ちペンを置く。

震災の土砂に一度埋った原稿は、著者自身の手で救い出され、後年の東京大空襲にも焼失させなかった。そして今、筆者の前にある。

この原稿『埋もれたる泉』は、著者川島自身が「徹頭徹尾自叙伝風」という作品である。

主人公小野蔦子は、将来をひたすら「人妻」としての生甲斐と幸福に求めている明治の東京、大川端育ちの娘である。まだ結婚もしていないのに、父の十三回忌には丸髷に結って、海軍服を着た三つばかりの男の子、女だったら板〆の着物に白いエプロンの女の子の手を引いて墓参りすることに決めている。

小説は、こうした蔦子のなかに未発の文学的才能を見たジャーナリストにして哲学者、A社の主筆三木浩が「彼女の天分を発掘する安全燈」の役割を自らかって出、彼女を文筆の世界へ導いた物語である。同時に浩と蔦子との愛と別れの物語でもある。

以下『埋もれたる泉』によって蔦子の経験した文筆への道を捉えてみたい。なお作中の人物と推定実在人物は次のようである。

作中人物　　推定実在人物

波木井　▽　沼波瓊音（国文学者・雑誌『俳味』主宰　俳人・一八七七～一九二七）

三木　浩　▽　大住　舜（哲学者・ジャーナリスト　一八八一～一九二三）

小野蔦子　▽　川島つゆ（一八九二～一九七二）

雑誌　芙蓉▽　俳味

2　明治・東京下町娘

蔦子は女学校卒業後の三、四年の間をうかうかと過ごしてしまった。そして今二三歳。三年ほど前から琴の稽古に家元まで通っているが割合筋が良いと見えて、このごろ「熊野《ゆや》」とか「小督《こごう》」とかをどうにかこなせるようになっていた。

しかし、これでどうしようという考えがあるわけではない。彼女は「じぶんの身を大方置くに足る温かい手」をひたすら待っている。物心がつき始めて以来、ほとんど天命のように、彼女は人に嫁いでゆくべきものと考えさせられ、それに馴らされて来たので、人妻としての生甲斐と幸福以外考えられなかったのである。

これまでいくつかの縁談があった。しかし、それはいずれも蔦子にとって思わしいものではなかった。自分は一体どうなって行くのだろうという底知れない不安を抱えながら、頼りない日々を過ごしていた。それでもこのごろは、浜町の友人宅で週一回開かれる釜日を楽しみに、毎日暇さえあれば裁板《たちいた》の前に座っている。

そんなある日、郵便！　の声とともに部厚い包みが投げ込まれた。

送り主は蔦子の小学校以来の友人柳子の兄、浩であった。彼はジャーナリストにして哲学者、A社の主筆。このごろは新聞・雑誌でもしばしば名前を見る人である。

彼は病気の妹がいろいろお世話になっていることへの礼を言い、

あなたが私の文章を愛読して下さるといふことはかねて伺っておりましたが、（中略）とてもおめにかけるやうなものがないのは残念です。今度出版したのは矢張りつまらぬものですが、速記ですから少しは解りよいつもりです。一部御座右へ差上げます。どうか御通読下さいまし。

妹が病気で田舎へ行っておりますため、私からお送り致します。失礼を顧みないことは幾重にもおゆるし下さいまし。

と書かれた添書きとともに、近代哲学を論じた浩の著書が送られてきたのである。蔦子は本のことよりも、七、八年前の少女のころ、柳子を訪ねたとき二、三度顔を合わせただけの浩が、自分のことをまだ忘れずにいてくれたことが嬉しかった。

蔦子からの謝礼の手紙に、浩から返信があった。それには「都合よろしくば」あなたと「消息文」を交わしたいということを始め、驚くべきことが述べられていた。

恐らく蔦子の手紙を読んでの感想・評価であろうが、彼は蔦子の「文藻《ぶんそう》」が「人に示すに足りるものだ」と評し、さらに「作家としての天分を有することを知った」とまで言うのである。そしてその蔦子が「なぜ文章を書かないのか、いぶかしき限りだ」と批判する。彼女も自分に文学的素質といったものがないとは考えていない。しかし、それを育てる努力をまったくしてこなかった。

長兄が亡くなった後、病弱の次兄が形式上の家長となったが、実際は年老いた母が中心となって営まれている蔦子の家の日常では、彼女の生来の読書好きさえ邪魔になった。このごろは婦人雑誌もろくに読んでいない。

彼女は幼児のころから、父親代わりの長兄と母によって育てられた。その長兄が勤めていたM物産と鉄道院との某事件にかかわって失脚した。その不遇に終わった長兄と運命をともにするしかなかった彼女は、幼時から数々の夢を描き捨ててきた。浩の手紙でそれらの夢が一時に生き返って、彼女の胸を衝《つ》いた。不遇に終わった長兄の憤りが自分の脈管のなかに波打ってくるように思えた。どうにかして立派に生きられるならば、浩の言う「作家」は目もくらむような言葉だが、もしそのような才能に恵まれているとするならば……そこまで考えて、やっぱり浩の買いかぶりだと思わねばならなかった。彼女は今まで感じたことのない悔いのなかで、改めて今の自分自身を振り返ってみた。そして、それはもう取り返しのつかないものに見えてきた。

ところで、浩の手紙はなお続いていて、明後日の夕方「精養軒」で逢って、これからのことについて詳しく話したいとあった。

蔦子には当面して、その問題をどうするかが迫っていた。彼女は浩に逢いたかった。逢って浩の話を聞いてみたかった。自分のような者でももし生きられる道があるならば、それを教えてもらいたかった。そればかりでなく、久しく逢わない浩がなつかしかった。すっかり大人になった自分の姿を見てもらいたかった。

しかし一回の手紙で、こうも親しく言ってくる浩の態度に、彼女はかすかな恐れも感じていた。「精養軒」で出逢って話をするというようなことも、浩の住む世界では恐らく何でもないことに違いない。しかし、狭い世界に住んでいる蔦子にすれば、間違えば社会的致命傷を受けることになり、今までの物堅い生活の根底を崩してしまいかねない。そうした窮地へ入るようなことはしてはならないことであった。それがわかりながら、彼女は今自分へ伸べられている援助の手を振り払うことはいかにも辛かった。それに浩からどんなに世間知らずの、気の小さい女と軽蔑されるであろうことも堪えがたいことであった。

しかし、ためらいと恐れと、寂しい思いを込めて、結局、浩に断りの手紙を出した。

その夜、蔦子は母と枕を並べて休み、浩の手紙について話した。彼女は幼いころから母親の前に心の全部を示すことのできない娘であった。しかし、大人になった今でも母子の間に秘密というほどのものはなかった。浩からの手紙についても、大まかにでも話をしておかねば気がすまなかったのである。

3　安全燈灯る

「精養軒」での話し合いの誘いを断った蔦子の手紙に「あんなことでその様にあなたを苦しめたのでしたか、失礼しました」と、事もなげに笑うような浩からの返信が届いた。そのなかに「私はあなたの天分を発掘する安全燈でありたい」と、さらに驚くべきことが書かれてあった。「今後何事でも率直に言ってくれ」ともあった。そして「奮発せよ！奮発せよ！」と掛声まで送ってきたのである。

彼女は武者ぶるいのようなものが体中を走るのを感じた。今はもう思いあぐんでいる時ではないと思われてきた。立ち遅れた自分であっても、一つ奮発して、せめて浩様の厚意に添うようにしてみようと思うだけの勇気が出てきた。彼女の心はただ訳もなく前途に薄紅い世界を見てふるえていた。

4　書き始める

蔦子は書き始めた。

しかし、何をどう書けばよいのか、まったくわからなかった。彼女は古い俳諧の宗匠について俳句を少し読み習ったくらいのもので、文章と名のつくようなものは学校の綴り方か、休暇日誌以外手をつけたことがなかったのである。

彼女は浩に文章の書き方を指導してもらいたかったが、彼からの手紙は簡単すぎて、理解できなかった。しかし、やがて彼女は日常身辺の出来事や心に浮かんだことを何でも書いて浩に送り始めた。浩という対象を得て、彼女の心は今まで経験したことのない目まぐるしい活動を始めたのである。雑巾をかけながらでも、竃《かまど》の下を焚きながらでも、懐に入れてある手帳を取り出してメモした。街を歩きながらでも、何かを探そうとした。

机に向かうのは、家中が寝静まってからだが、昼間メモしてある事柄を一つのまとまった文章に組み立てるのはなかなか難しいことで、一夜かかってもついにまとまらないこともあった。山の彼方からは浩の「奮発せよ！奮発せよ！」の声が聞こえてくる。

交換を約束している浩の手紙がこなくなった。彼女は、やはり自分の拙い能力にあきれて彼が手を引いてしまったかと思った。「率直に、率直に」と言われるままに、何もかもさらけ出しすぎたことを悔やんだ。そして、これが最後になるかも知れないと思い定めて浩宛に手紙を書いた。

折角お導き給はらんの御志も我が身の甲斐なきゆえに空しく返す返すも残念に存じ候。あなた様は世のため人のためにいついつまでも御栄えあらまほしく……

しかしこれでは皮肉と受け取られそうで、送ることをやめて破り捨てた。

二〇日ほどして浩から「あなたから手紙が来ないので心配して居ます」と言ってきた。浩は早くに出した自分の手紙に、蔦子からの返信のないことを心配していたのである。なぜか浩の蔦子宛ての手紙は紛失していたらしい。彼女は事情がわからぬまま、さまざま臆測し、苦しんでいたのである。

5　『芙蓉』への投稿

その少し前から、蔦子は「俳諧趣味を中心とする雑誌」『芙蓉』に俳句の投稿を始めていた。そのことを浩に伝えると彼からは喜んだ手紙がきた。その雑誌を出している波木井という文学士は浩の友人で、浩もこの雑誌の書き手であった。

浩は「奮発せよ！奮発せよ！」と掛け声を掛けてくる一方で、「自立せよ！」「愛玩される人形になるな」と書き送ってきた。

浩は近代市民的自由・自立した自我を持ちえている人である。蔦子は彼の影響を受け、自立に向かって目覚めていこうとしているのだが、習慣や伝統からくる考えや感情がこれを阻み、彼女の心の中は混乱していた。事あるごとにこぼれる涙が思考の働きを弱めた。

彼女は浩との「消息文」の交換によって新しい喜びを得たが、頻々とくる彼の手紙に向けられる家の者、郵便配達夫等の目を恐れた。浩は「あなたとの交際は決して疚《やま》しいものではない」、「あなたと消息文を毎日交換しても誰からも制肘《せいちゅう》されたくない」と言い、手紙の内容についても「誰にも告げる必要はない、告げることは私への裏切りであり、私はそれに耐えられない男だ」と、交際の自由・信書の秘密について厳しい態度を示した。

今まで母に秘密を持たないできた蔦子は、ある事柄を自分の心で判断するという習慣を持たなかった。浩の要求は彼女の心には大きな負担であった。

浩の手紙の差出人名は、彼の妥協案で女性名に変えた。やがて蔦子の元へ女性名の封筒が次々と届くようになる。

蔦子の筆はすすまなかった。浩の掛け声で文学という自分にもよくわかっていないものをつかもうとあせっていた。あせりのなかで自信を失い、疲れてきた。失望と疲れは将来を頼りないものに思わせた。娘の身の落ち着き場ばかりを案じている年老いた母親を抱え、これからが案じられた。嫁ぐべきものとばかり考えてきた自分はどうなるのか。疲れとともに、克服したはずのそうした考えが、蔦子の心の中で勢いを盛り返してくる。

筆を投げるとともに極度の疲労が襲ってきて、取り散らした紙のなかで三〇分間ほど、苦しい夢を結んだ。醒めると頭が押し付けられるようで起き上がることができない。ああ私はこんなことでどうしよう。勉強しなけりゃならない。家事にばかり捉われていては仕方がない。

6　大正三年

一九一四（大正三）年は蔦子にとって飛躍の時であった。初めて「活字といふもの」になった短文「花火の夜」が『新修養』八月号に載り、『ホトトギス』十月号に「鎌倉山の一夜」、十一月号『芙蓉』には短編『見合』が載ったのである。浩から「奮発せよ！奮発せよ！」と励まされて、物を書き始めてからどれほどの時を経ているのだろうか。『埋もれたる泉』には日時の記入がほとんどないので推定するしかないのだが、明治末から大正三年までの三、四年間ということになろうか。

ところで『埋もれたる泉』には同時期の記事と思われる次の浩の蔦子宛手紙が見られる。

　「川開き」の文章面白く読みました。これはT誌の来月号へ割り込ませることにしました。そのつもりでいてください。

ところで、「川開き」についての浩の手紙で気づくのは、かつて「奮発せよ！」とひたすら励ましていた浩が、彼女の作品を雑誌に売り込むという新しい役割を担っていること、文章の書き始め、西も東もわからず苦闘した蔦子が「面白い」文章の書き手に育って『芙蓉』十一月号では短編『見合』が掲載された。

7　出世作「見合」

大きな活字で、著名な小説家田村松魚（一八七四〜一九四八）と肩を並べている自分の名を見つけたとき、蔦子は息が止まりそうになった。

浩からもお祝いの言葉が届いた。

私の予想した通り、『芙蓉』ではまず一方の頭梁を承ることになりました事おめでとうございます。

文章を書く人はあるのだが、認められる機会が少ないのだ。一度認められた時は、もう道は開けたのです。

私はあなたにこれだけでも啓き得たことを喜ぶ。これからはあなたの才分が漸次ひらかれて行くのを見るのを楽しみとします。

ある晩、蔦子は母と二人になったときを見て、思いきって今の自分の気持ちを話した。今まで待ってみても自分にふさわしい結婚相手はいなかったのだ。それをいたずらに今後も待ち続けるよりも、結婚をしばらく第二の問題として、自分の力がどこにあるのか、自分で自分の道を切り拓いてみたいと、それだけのことを母に語ったとき、久しぶりに胸が晴れ晴れとした。それはやがて透徹《とうてつ》した悲しみに変わっていった。

彼女は最初から筆で生きようとしていたのではない。自分が好んでいると信じている文学も、果たして自分が好んでいるのかどうかわからなくなってしまって、筆を捨てようか捨てまいか、そうした二つの心が絶えず彼女のなかでせめぎ合った。

次は、当時の彼女の書くことについての思いを詠んだ短歌である。

　書くことを止めじ止むまじ日を経つつ
　　心の叫び物凄くなる

　妄執の我が筆捨てむ捨はてむ
　　かく思ふとき涙こぼるる

　読みさして涙ぞ落つる海越えて
　　友が文来ぬ書くを止めよと

最後の歌「海越えて友が文来ぬ」の「友」は、恐らく彼女を初めて文筆の道に導いた大住舜と思われる。

彼は一九一八（大正七）年渡仏。フランスで日本からの留学生の世話などして活躍していたが、つゆが「書くことを止めじ止むまじ」と苦しんでいるのを知って、生きることを第一にして「筆を捨てよ」と呼びかけたのではないか。彼は一九二三年一一月フランスで病死した。

川島はしかし、やはり文筆の道を選んだのである。

三　事実婚を生きる（昭和初年代）

1　震災後の家族離散

関東大震災から五年になる一九二八（昭和三）年三月、川島の家は離散した。震災後、焼け跡に建てた仮小屋は、その後の彼女の人生に一貫した研究対象となった小林一茶と出会い、『一茶俳句新釋』『一茶の種々相』を書き、若い日の苦しみや嘆きをうたった作品を集め、句歌詩集『玫瑰《はまなす》』を出版した思い出深いところなのだが、震災後建てた仮小屋も鉄道省に買い上げられ、やがて始まる区画整理のため、立ち退かざるを得なくなったのである。母は病床にあった次男（川島の次兄）を伴って故郷へ引き揚げた。

東京に一人残ったつゆは、女一人、部屋借りをして住むという新しくこの時代に生まれたスタイルの生活を始めていた。孤独であった。しかし、初めて味わう自由な生活でもあった。彼女にとってやがて一緒に新しい活動を始める「境地」の仲間は、失った血族に代わる新しい知的共同体であった。次は、この時期の川島の作品である。

涙ながるゝ儘の独りよ春灯
貸すといふ二階に雛飾りあり
独り居に馴れて明るし春灯し

2　事実婚を生きる

若い友人たち

沼田頼輔と川島つゆは昭和初年代、長期にわたる事実婚の時期があった。それをどんなふうに生きたかを筆者が多少とも知ったのは、彼女の死去後に寄せられた弔文のなかの一つ、つゆの若い友人原田節子の回想文によってであった。

コスモスの咲いている季節でした。東京郊外の碑文谷の道を沼田先生が、ステッキをついてゆっくり歩いて行かれる、――後から川島先生が歩いていらして、ピンク色のダリヤのような美しい方だと思いました（中略）。学者らしい質素な生活で、あのお二人を敬い愛する者達が、競って近所に越して住んで居りました。(注1)

四〇年前の原田の女学生時代の記憶だそうだが、一枚の写真か、映画の一シーンを見ているようにコスモスの咲く碑文谷の道を散歩する二人の姿が語られている。原田が二人の姿を見たのは一九三二（昭和七）年、つゆ四〇歳のころである。彼女の死去の報を受けて、碑文谷の道を散歩していた二人の姿が一瞬よみがえったのであったろう。頼輔とつゆは女学生の原田にそれほど深い印象を残していたのである。

原田からの手紙のなかでもう一つ驚いたのは沼田・つゆを敬愛して、彼らの近くに移り住む人々がいたということである。

つゆが碑文谷に移ったのは一九三一年末で、（注2）前年交通事故に遭った沼田も回復後に移ってきて住み、ようやく落ち着いた生活が始まっていたときであった。

しかし、この時期はつゆに対して「世間」の攻撃・非難・なぶりの集中したときでもあった。彼女はそれを怒りを込めて、書き記している。


この二三年、彼との経緯《けいい》のために、私の身の上は流竄《るざん》に等しかつた。転々と居所を替へることも余儀《よぎ》なくされた。やうやく最近今の家に引移《ひきうつ》つてから、私は彼に門札を書いて貰つた。その門札が、昨日の朝何者にか盗《ぬす》み去られたのである。それを最初に見つけたのは筆者である彼であつた。

「門札がありませんよ。」

つか〳〵と玄関に入つて来たNは、病苦のためのみではなく、非常に不愉快《ふゆくわい》さうであつた。気がついて見ると、門札をはがしたあとに貸家札が貼つてある。それは執拗《しつよう》な勧誘《かんゆう》を斥けた新聞配達夫の意趣返《いしゅがえ》しであることは略々見当がついて居たが、それにしても、この家はやがてNと共に棲むべく用意された家であつた。私にはそのいたづらを単《たん》なるいたづら

として眺められなかった。(注3)

つゆは『明るい家』の一九三一（昭和六）年四月号から「遭難」と題する小説の連載を始めていた。引用したのはその一部である。

ところがその五月号編集後記では、これを今号限り「一時中止」として、以下のように発表した。

川島つゆ女史の「遭難」は、次号にも続く筈でしたが、意外の反響を引起しました為に、今月号限り一時中止致します。女史には誠に申訳のない事と、此処に深くお詫を申上ます。

「意外の反響を引起した」のはもちろんつゆの作品であろうが、具体的に説明されていないため、誰によって、何が起こったのか皆目わからない。ただ「遭難」が頼輔の交通事故による入院中の、つゆ自身と彼のN家の動きを描いていたものであるから、恐らくそのあたりと関係があるのだろう。連載中の「遭難」の「一時中止」は実際には「以後取止め」であった。連載の中止＝取り止めだけではない。同時期、つゆは「なぶりの文」にも襲われていた。その渦中での彼女の歌がある。

なぶらるゝ事にも馴れてあらがわず
なぶりの文の帖をつくるも
（『銀の壺』）

「なぶらるる」(注4)理由はつゆと頼輔との事実婚にかかわっている。事実婚は国の定めた法律婚ではない。法律婚に公然と反対し、結婚と呼ばず「共同生活」と称して、事実婚・別姓結婚の道を歩んでいる平塚らいてう・奥村博史に対して、世論は、奥村がらいてうより五つも年下であるのを問題にしたり、彼らの結婚は自由婚であり、不道徳であり、野合である等として激しい攻撃をかけたことはよく知られている。(注5)

沼田・川島には国の定めた法律婚に反対する意志はない(沼田の死の前年、二人は婚姻届を出している)。二人の間にすぐに法律婚による結婚ができない事情があって内縁・事実婚を先行させていたのであろう。「世間」はそこに攻撃の正当性を見いだしたのである。

つゆは襲いかかった「なぶりの文」があまりに多いので、その「帖」を作ったほどだというが、「彼との経緯のため」とするばかりで、なぶりの文言は明らかにしていない。しかしかつて『日本紋章学』で学士院恩賜賞を受けた老学者と、彼の子供ほどに年若い美貌の女性俳人にして俳諧研究者との恋愛は、なぶりを好む者にとっては好個の材料であったろう。

冬ごもるうろくづ

沼田・川島を「敬愛」して、彼らの近くに移り住んだ若い人々がいたというのは、川島がなぶりの文に襲われていた時期である。

原田が知らせてくれたとき、すぐに、その若い人々についての詳細、原田とこの人々がどのようなつながりがあったのか等、教えてもらえばよかったのだが、筆者のいたらなさで、川島の死後の実務処理に追われて、それをしないまま過ごし、そのことが沼田、つゆの生き方を理解するうえに欠かせない、きわめて大事なことだと気がついたときには、原田の消息は絶えてしまっていた。

何とも言いようのないミスだが、筆者は止むなくつゆの遺品のなかでそれを探す作業をしてみた。つゆの評伝をまとめ始めてからのことである。

その結果、つゆが一九三五（昭和一〇）年に出版した『銀の壺』のなかに、以下四首の短歌を見いだした。

男の子ふたり小さき家をもち
　小鳥のごとく打ち並び居り
飯たくと茶わんにはかる水かげん
　二対三とぞくちずさむなる
つぎつぎに若き友らが家もてば
　障子張りやることのたぬしさ

以上が「昭和六年作」のなか、

冬ごもるうろくづにかも似るわれに
　なほもの書けと若き子のいふ

が「昭和七年作」のなかに見いだされた。

これらの歌の発見は、原田の記憶の正確さを証明するものである。この四首を原田の前掲の文を背景においてみると、それぞれの歌が生き生きとしてくる。つゆは自分たちの周辺に移り住んだ人々を「若き友」「若き子」と呼び、まるで幼児をいつくしむ母親のような目で見、炊飯の水加減を教え、障子の張替えをしてやったりして、自分も楽しんでいる。

このころ頼輔もこの家へやってきた。交通事故による大怪我も回復し、自家を出て、つゆの用意していた碑文谷の家での生活がようやく実現したのである。

しかし、一方「世間」の攻撃は激化していた。つゆの雑誌連載中の小説が「意外の反響を引起した」として一時中止、実際には掲載取り止めという事件が起きたり、「なぶりの文」が帖にするほど殺到したり、門札が盗られたりの、きわどい日々でもあった。

こうしたなかでつゆは自らを「冬ごもるうろくづ」（冬籠もりの魚＝筆者注）にたとえ、集まってくる若者たちとの付き合いを楽しみながらも意気消沈していた。前述した「冬ごもる」の歌は昭和七年作となっているから、「なぶりの文」によるいやがらせはなお続いていたのであろう。

「若き子」は川島にとってものを書くことが、彼女の命であることをよく理解していた。「なぶり」の言葉に押しつぶされ、「冬ごもるうろくづ」をきめ込もうとする彼女に、やっぱり書くべきだと説くのである。

頼輔・つゆの二人は「なぶりの文」に襲われ、苦しめられてはいたが、沈黙せずに、ものを書き続けることを求めて止まない「若き子」――若者たちが周囲にいた。このような世間の声に敗けない、若い友人を持っていたことは頼輔とつゆにとって、何より大きな力・支えとなったであろう。彼らの頼輔とつゆに対する声援は、国の婚姻法を背景にして猛威を振るう「なぶりの文」に対する人間としての抵抗であった。そうした若者たちがどのような名前や職業を持ち、どうして頼輔やつゆの周辺に集まるようになったのか等を教えてもらえる人と機会を持ちながら、うかつにもそれをやらなかったことの悔いが、再びうずきだす。

注1　古庄ゆき子宛原田節子書簡　一九七二年八月二一日発
注2　『句と評論』一九三一年一一・一二月号「同人消息」欄に「川島つゆ郊外碑文谷に静居」とある。
注3　「遭難」『明るい家』一九三一年四月号
注4　「なぶる」――責めさいなむ。いじめる。からかい、ひやかす。ばかにする。（『広辞苑』）
注5　平塚らいてう『原始、女性は太陽であった』下巻　大月書店

3　青春再び
――境地社の時代

川島にとって昭和初年代は『句歌詩集玫瑰《はまなす》』と、相馬御風のつよい推挙による『一茶の種々相』との二冊の出版に精力を傾けた時期であったが、同時に新しい傾向の俳句集団づくりにかかわって、まことに生き生きと活動した時期でもあった。また、長谷川時雨の『女人藝術』への参加、さらにこの時期に沼田頼輔との恋が始まるのである。

つゆが参加した俳句集団は松原地蔵尊を中心とする境地社。境地社は雑誌『境地』を毎月一回発行し、その発行所を東京市下谷区谷中坂町七九（現 東京都台東区谷中）に置いた。注目すべきことは、これらに必要な諸経費のいっさいを同人が平等に分担する（同人毎月五円以上、準同人は一円以上）という条項を規約で定め、一方『境地』への発表作品はすべて同人の「合議制」によって良・否を決めるとする結社であったことである。

もっとも「合議制」といっても、同人は地方にもいたから、「当分在京同人の責任に於いて」「原稿採録可否」を決めることにしたようである。(注1)

これは俳句結社経営の近代化をはかり、一方、作品評価をその道の先達・権威ある個人によって行うのでなく、同人各自が批評力を高めながら、多角的批評を行おうとするもので、当時の俳壇に対する批判、異議申立てであり、それはやがて起こる新興俳句運動の先駆けであった。

境地社の中心的同人は松原地蔵尊・森本春日・湊楊一郎・林素桐・そして川島つゆもそのなかにいた。このうち、湊を除いた松原・森本・林・川島は一九二四（大正一三）年から一九二七（昭和二）年の間、勝峰晋風の『にひはり』『黄橙』で「近代俳人の研究」「俳諧史研究」の輪講を行ってきた仲間である。

松原地蔵尊（本名 松原重造）は一八九七（明治三〇）年、富山県生まれ、樺太・北海道で育つ。東京商科大学（現 一橋大学）出身。後年、山一証券本社常任監査役などを歴任したが、彼にはもう一つ、新興俳句運動家の顔がある。(注2) 川島とは勝峰晋風が『にひはり』誌上で始めた輪講「近代俳人の研究」第一回一九二四年からの仲間である。

『ホトトギス』投稿者として出発した松原はこの時代、現俳壇への厳しい批判者となっていた。境地社は「現俳壇打開の企画」をもって作られた結社であるが、日常の彼は同人誌『境地』編集の遅れに気をもみながら、決算月の事務に追われている三〇代はじめの証券会社社員であった。

いま一人の主要な同人は『境地』の編集兼発行名義人森本義一（ペンネーム春日・鳩里、結婚により松本姓となる）である。

彼は当時、早稲田大学国文科の学生で、卒業論文の準備中であった。

彼は同人のなかで川島といちばん親しく、一九三五年から俳諧史研究会（木曜会）を作って研究活動したり、共同執筆で論文を発表したりもした。

松本は奈良の出身だが、川島は彼の生家と家族ぐるみの親交があり、彼が一九三九年、大分高等商業学校へ就職するのに力を貸し、新婚の松本が大分へ赴任するときには同行、介助した。その後も、時々来分し、研究旅行や講演旅行をともにした。

松本は川島の新刊書を新聞で紹介したり、教室でテキストに使ったりして、彼女の業績の普及に力を尽くした。

彼は、敗戦後、新制国立大学が各県に設立された際、大分大学学芸学部教授となったが、同時期、友人で私立豊州高等女学校の経営者・校長佐藤義詮が取り組んでいた別府女子専門学校設立、女子大学昇格運動に深くかかわっていて、大学昇格のための教授陣を整えるにあたって、松本は業績・人柄を熟知の川島を推した。

湊楊一郎は本名与一郎。一九〇〇（明治三三）年生まれ。『境地』同人時代は二〇代末。中央大学法学部出身。当時司法試験受験時であったらしく、一九二九年、司法試験合格、弁護士となる。『境地』の後継誌『句と評論』誌の時期に批評家として活躍。一九三七年に『俳句文学原論』を出版、「新興俳句の体系的理論樹立」に努力の跡を示した。（注3）

境地社の中心となった同人たちはみな、若くて意気盛んであった。地蔵尊は自分たちの境地社が「現俳壇打開の企画をもってゐる」ものであり、自分たちが「新興俳壇のため」、「将来の俳壇のために、大いに活躍すべく精進せんとしてをります」ことを宣言した。(注4)このとき川島三六歳。彼女はこうした仲間とともにあって満ち足りていた。

一方、『境地』の仲間は彼女の出版を真っ先に喜んでくれる人々であった。『一茶の種々相』出版にあたって、彼らは「境地社中近来の快事」と評した。(注5)『句歌詩集玫瑰《はまなす》』は境地社が出版元であった。出版記念会では松原地蔵尊・森本春日・武蔵野会の浅川ミツギが接待役となって、来賓の島崎藤村・山中共古・中島利一郎・沼田頼輔・尾佐竹猛・勝峰晋風等を迎え、接待した。他の同人、林素桐・酒井柳々・松崎華外等々は卓にあふれた。『境地』第二巻第一号の裏表紙一杯に、当日の写真が掲げられ、次号裏表紙は『句歌詩集玫瑰』の広告で埋められている。

彼女は、同人の林素桐指揮下で、湊楊一郎とともに境地社の会計の整理をしたり、(注6)地方から上京してくる同人のために歓迎句会や歓談会を催したり、吟行会の案内役も引き受けた。次は水戸から上京して来た同人酒井柳々を迎えた集まりの模様をうたった句である。

水戸の柳々子上京、素桐・春日・四季男等集会遊
お夏清十郎うたふ五人の闇涼しつゆ(注7)

今にもはずんだ声が聞こえてきそうである。

境地社のメンバーは鳥居龍蔵主宰の「武蔵野会」の踏査研究に参加し、句作りの機会としていた。武蔵野会は機関誌に「武蔵野俳句」欄をつくり、境地社に与えていた。川島は武蔵野会

唯一人の女性会員であった。彼女は谷中にある「境地」の発行所を我が家のように愛していた。

梅雨催ひの曇り空、遠く海のやうに澱んだ下町の方に広告塔が明滅して居る。上野の森が相《ママ》粉絵のやうにぼやけて見える。境地社の柏も瑞々しい葉を拡げて来た。セルを着ても少し汗ばむ位です。同人一同元気いつも名前ばかり連ねて兎角雑誌のことに怠り勝ちであつた私も、これから大いにお手伝するつもりで居ります。[注8]（つゆ）

と、会員へ声を届けた。

注1　『境地』第二巻第一号　一九二八年一月号「掲示板・境地社　規約」
注2　『日本近代文学大事典』第三巻　講談社　一九七七年一一月刊
注3　楠本憲吉　『一筋の道は尽きず――昭和俳壇史』近藤書店　一九五七年五月刊
注4　『境地』第二巻第二号「編輯室より」
注5　『境地』第二巻第八号「編輯室より」
注6　『境地』第二巻第九号「編輯室より」
注7　『境地』第二巻第八号「試作」欄
注8　『境地』第二巻第六号「編輯室より」

4　母・夫逝く

つゆは母の病と死をうたった「母病む」「母逝く」の歌、八首を残している。

母病む三首

蚊やり香なびきながらに底冷えの
　五月の夜のふけまさりつゝ

寝さめする夫（つま）のけはひのかそけきに
　耳かたむけつ病む母と居り

秋あつき日にはこらへるから芋に
　八十路の母の小ぬかかけ居り

母逝く五首

世にふたりまことの涙ながすべき

人しあらずて逝ける母はも
たらちねをしのぶ涙も襖かげ
　みそかにむせぶ人妻われは
しほからの味のよしあし語るべき
　人はあらなく銚子みやげの
たらちねが病みつくあした出でゝみし
　つつじの庭も秋更けにけり
亡き人の手慣れの猫が秋さむみ
　ふところ恋ひて啼きめぐるかも　（『銀の壺』）

いずれも母死去の一九三四（昭和九）年の作で、翌年七月出版の歌集『銀の壺』に収めている。

これらの歌によれば、つゆの母は一九三四年五月、庭のつつじが見頃な時期に発病、秋深まったころには、故人の愛猫が彼女の懐を恋いしたって啼きめぐっているというのだから、夏か秋のはじめに死去したものと思われる。
一九五六年の七夕祭のころ、つゆは当時住んでいた大分県別府市からふるさと埼玉県行田市へ帰省、母の年忌法要（二三回忌？）を営んでいる。(注1)
この日程が、何らかの都合で便宜的に決めたのでなければ、つゆの母の死去は一九三四年のたなばた祭りのころかと考えられる。

戸籍簿によれば、沼田頼輔と川島以し（つゆ）は一九三三（昭和八）年七月二五日、東京都文京区役所に婚姻届を出し、川島以しを沼田以しと改姓、文京区原町一一九番地（現 白山四丁目）を本籍地として、昭和初年代からの、長かった事実婚に終止符を打った。しかし、喜びは頼輔の死という大きな悲しみとともにやってきた。というより、悲しみが確実に近づきつつあることを予知して婚姻届の提出を急いだというほうが当たっていよう。
つゆの母は彼らのこの新居に寄寓していて病みついた。この家の主人頼輔は長い間神経痛と胃潰瘍で苦しんできていたのだが、前年、一一月には「某博士」から「胃癌の宣告」を受けていた。(注2)
つゆにとって夫頼輔・母与しは、それぞれに掛け替えのない人であった。その二人が同時期に、同じ家で患い、同じ年、一九三四年の秋から冬にかけて死去したのである。つゆには懸命のときであった。手伝いの女性は置いたが、二人の看病はもっぱらつゆがあたった。

一と月をみとりこもりのやるせなみ
うち出でて庭に仰ぐ夏空　（『銀の壺』）

は、この時期の作である。

再度いうが、つゆには夫頼輔と母のいずれも掛け替えのない人であった。彼女はしかし、夫のほうへより心を遣った。前掲の歌

寝さめする夫《つま》のけはひのかそけきに
耳かたむけつ病む母と居り

からは、母の看病をしながらも、夫の部屋から漏れてくるかすかな気配をも聞き漏らすまいとしている緊張感が伝わってくる。夫の身の上を深く案じる心とともに、夫への看病の時間を削って母のそれに当てていることへの負い目も見えてくる。

母の死にあたっての歌はその極点に達している。

たらちねをしのぶ涙も襖かげ
みそかにむせぶ人妻われは

彼女は自分が「人妻」であるために、母の死を人間の自然の情では泣けない、「襖のかげでみそかにむせぶ」ことしかできないと嘆くのである。この「人妻」に対しては、襖の向こう側

に厳しい家長がいなければならないだろうが、沼田頼輔はそのような家長だったのだろうか。いささか唐突だが筆者はここで長谷川時雨に対する高見順の評を思い起こす。彼は時雨を、

対外的には「女性進出」を呼号しながら、彼女は、対内的には忍従の心を持った古風な家庭婦人であったらしく、三上於菟吉のいわゆるよき妻として終始したのであった。

と評し、総括的に「明治育ちの日本女性の精神的姿勢と結びついた」「過渡期の女性のひとつの典型」とみるのである。(注3)

言うまでもなくつゆは「女性進出」を「呼号」した人ではない（もっとも長谷川時雨の『女人藝術』の会員ではあった）。

しかし、昭和初年代いっぱい、事実婚の実行者として、恋人であり、後年に戸籍上の夫となる沼田頼輔以上に、非難攻撃の矢面に立たされ、それとたたかってきた人である。それが母の死にあたっては、遠慮ぶかく「人妻」の枠に自らを閉じ込めてしまうのである。そのことで、頼輔をともに世評とたたかった恋人としてではなく、厳しい家長に見立てることにもなったのであろう。

つゆの母の死は頼輔の病中であった。葬儀等は、手伝いの女性が一人いたくらいでは難渋をきわめたと思われるのだが、記録はまったく見当たらない。気持ちのうえで、また時間的にも記録を残す余裕がなかったとは考えられるが、そこにつゆの沼田の妻の座を生きる生き方、処し方が表れているように思われる。

婚姻届を出した後の、

子をおきて逝きし妻《め》あはれ

新しき妻われ今日は香たてまつる　（『銀の壺』）

の歌を見ることもできる。

つゆは一方で夫との関係を抜きに、母の死に「まことの涙」を流す唯一人の人として対した。彼女はまた「しほから」の味のよしあし、暮らしのなかに手作りの味を味わい分ける力をもった母に、改めて懐かしさと畏敬の念を捧げたのである。

つゆは母に厳しく育てられたが、後年にいたって「年と共に母を見直すことが多くなった」。もっとも大きかったのは、被差別部落の人々に対する差別感を、娘にまったく受け継がせなかったことであるという。

明治時代のことで、長い習慣による人間・職業差別が自然のようにあったが、母はそれについて一言も触れたことがなかったし、つゆがそうした友人の家へ遊びに行くことを「一寸《ちょっと》も咎《とが》め」なかった。

母自身は北武蔵の古い町に、明治以前に生まれた人なので、「血の中には如何にもならない差別観念が流しこまれていた」。これはつゆが大人になってから話し合ったことだというが、それでいて、「自分の血の中に根強く巣くっている差別観念を子供にまで伝えなかった。」

川島は教育もない母が、どうして、母としての知恵をあれほど身につけていたのだろうと不思議に思うという。(注4)

注1　「母の年忌四首」『歌集 磯』別府大学短歌会　一九五七年五月刊
注2　「沼田つゆ子未亡人通信」『理科大学簡易講習科同窓会誌』第八二号　一九三四年一二月刊
注3　高見順『昭和文学盛衰史』文藝春秋新社　一九五八年三月刊
注4　「母を語る」『川島つゆ遺稿集　紫匂う』一九七二年七月刊

四　再生宣言

（昭和一〇～二〇年）

1　再生宣言

——歌集『銀の壺』出版事情

一九四〇（昭和一五）年一一月二五日付で、川島は『芭蕉七部集俳句鑑賞』を出版した。執筆を始める前年は母と夫の死に遭った。夫 沼田頼輔の死は前年一一月だったから、ほとんどすぐの再出発であった。

それだけではない。一九三五年七月には歌集『銀の壺』を出版している。その冒頭には「己《おの》が墳《はか》は己《おの》が手に築くべきである」のフレーズを置いた。これは沼田頼輔との結婚を決意し、過去の句・歌・詩を総まとめし、『玫瑰《はまなす》』と名づけて出版したときにも、その冒頭に掲げたものであった。

今『銀の壺』一壺を世に贈るに際しても、私は又、同じ言葉を以てこれにはなむけしようとして居る。（中略）私は更に新らしき酒を醸すためにも古き酒を土にそゝがうとして居る。

これは自らの再生宣言である。『銀の壺』は夫への追悼集ではない。彼女は結婚によって失われたものの大きさを次のように天下に告げた。

一人の彼との交渉に於て、私は終始よき道連れでなかつたとは思へぬ。然しこの間一個の人としての私としての生長の芽は、余りにもむざんに凍てこゞえさせられて了つたようである。私はたゞ黙々として重きに堪へて生きて来た。世の末にわづかに数へられた俳人としての生命も仕事も、見失つて了つた。

彼との生活の後半は看病であった。日毎々々に汁をたき薬を煮つゝ、漏した溜息の凝つたものが、銀の壺の半ばを領した。

この書に序を寄せている夫の友人 金子元臣（歌人・国文学者。一八六八—一九四四）が、そのなかで「この壺に納められた君の生活期間」は、「神の試練に遭った時代」だったと評している。「神の試練の時代」は沼田との結婚全期間を評したもののようであるが、とりわけ看病の時期はその評が当たる。『芭蕉七部集俳句鑑賞』は、その「試練」を経た川島の新しい出発を告げる仕事であった。その完成時に作った短歌がある。

七部集俳句鑑賞出版　　三首

小春よし七かへりなるみ佛に

ささぐと書のとびらには書く

しばらくは棚にかざりて手をおきつ
　この幾年の書の成れる日
この疲れ癒ゆべくもなし一冊の
　書にこめたる命ほそり

沼田の死去から七年目になっていた。作品の完成は「癒ゆべくもない」疲れをもたらしたが、七回忌を迎える「御仏」に心豊かにこれを捧げることができた。十分な時間をかけ、想や文を練った著作であった。そのなかで『銀の壺』出版の時期のいらだちは乗り越えられたのである。

2　女一人大地をゆく

一九三六（昭和一一）年四月、連歌・俳諧に関する研究機関「俳諧研究会」が設立され、機関誌『連歌と俳諧』も刊行され始めた。会の目的は「連歌と俳諧に関する諸研究の深化と統一を期し、関係論考の活発なる発表を促し、且、研究家相互の親和を企画す」というところにあった。

機関誌編集所を東京市淀橋区（現　東京都新宿区）戸塚一丁目の書店大観堂に置き、そこを発行所とした民間機関である。

それまで俳諧研究の発表舞台は多く俳句雑誌であった。俳句作者と研究者とは、はっきり分離しない状態にあった。極端にいえば俳諧研究者は研究者である前にまず俳句作者（俳人）であった。川島もその道をたどった一人である。

また俳句雑誌主宰者は、例えば松宇文庫を作った伊藤松宇のように、実業家であり、俳句作家であり、雑誌『にひはり』（のちに『筑波』と改題）の発行人であると同時に、財力、労力を惜しまない古俳書蒐集家であり、俳書・俳諧の史的研究家でもあるというような人が多かった。

しかし、昭和初年代は、転換期であった。俳句作者と俳諧研究者の分離が始まっている。そもそも「俳諧研究会」設立そのものが、研究者の分離・独立を告げるものであった。

一方では一九三四年、総合雑誌『俳句研究』が改造社によって創刊され、「ホトトギス」によって代表される俳句と、新興俳句との対決の場がつくられ、それによって俳壇に新しい息吹が立ち昇った。そのことは、主宰者を中心に俳句雑誌ごとに砦を築いてきた俳句界を揺るがさずにはおかなかった。

「俳諧研究会」はそうした動きのなかで創られた。『江戸文藝論考』『俳諧史の研究』等で著名な穎原《えばら》退蔵、『連歌乃史的研究』『犬筑波集 研究と諸本』等で知られる福井久蔵のほか、石田元季・志田義秀・山田孝雄ら、国語・国文学の大御所を頭にいただくが、顧問などという名称は見えない。編集・発行は若手の金子金治郎・松本義一・伊地知鉄男・荻野清・中村俊定等があたった。

『連歌と俳諧』の第二号には、この会の会員名簿が掲載されている。会員数一〇九名。そのなかで女性会員は川島つゆ唯《ただ》一人である。女性俳人は数多く生まれていたが、女性研究者になると、このように寥々の状態であった。

『連歌と俳諧』第二号には松本・川島名で「一茶の書翰《しょかん》二通」の論文がある。川島つゆと松本義一との共同研究である。

3 『芭蕉七部集俳句鑑賞』執筆
——古典の現代的受け継ぎの試み

『芭蕉七部集俳句鑑賞』は、川島の古典に対する新見解を発表するものであった。彼女は、この著作のなかで、古典である『芭蕉七部集』の現代的受け継ぎを試みた。つまり、すでに現代社会で生命を失った連句を「暫く置き」、今日なお脈々と生き続けている俳句のみ取り上げ、その「選択によって七部集の展開を語り、人物批評にまで及ぼうとした」のである。

彼女は自分の試みるこの方法が「大膽《だいたん》すぎるといふ謗《そし》り」を受けるかもしれぬことを予測し、覚悟していた。芭蕉時代の俳諧は連句こそが中心で、連句の発句（連句のはじめの句）の独立した俳句は、従属的関係にあるものだったからである。

しかし、川島は、「連句に於ける二句間の余韻、並びに二句の間に飛躍する連想の自由性を、そのまま一句の上に具現させたものが発句である」とすれば、「空間《ブランク》の芸術と称すべき俳諧の世界に於ける連句と発句とは、元来一にして二ならぬものである。故に、正しき俳句鑑賞は正しき連句鑑賞への階梯《かいてい》であるとも云ひ得る」として、俳句をもって『芭蕉七部集』を語ることの正当性、妥当性を主張する。

俳諧から連句を除き、発句だけを取り出す川島の方法は、古典である『芭蕉七部集』に対する近代的・現代的な読み方である。川島は連句はすでに過去のもので、今日「脈々として隆盛して居る」のは俳句である、であるなら、そういう現代に立って、『芭蕉七部集』という古典にも「我々に親しみ易い俳句より入ることが、極めて自然ではないか」という立場をとる。

明治期に正岡子規は、伝統的俳諧のなかから俳句だけを取り出し、近代の表現の器として蘇《そ》生《せい》させたが、それと同様、川島は古典の現代的読み方を試みたのである。

4　川島の大学
――勝峰晋風下で学ぶ

川島は、俳誌『黄橙《おうとう》』主宰、俳人にして俳諧研究者勝峰晋風の企画による『七部集鑑賞』等の「輪講」による共同研究に、長く参加した。『黄橙』による共同研究参加は大正末からだが、昭和初年以降の長い空白期を経て、『芭蕉七部集俳句鑑賞』執筆時に復帰したのである。

また、共同研究者のいま一人は松本義一（旧姓森本義一）である。彼とは早くから、同じ『黄橙』のメンバーだが、『芭蕉七部集俳句鑑賞』執筆期の昭和一〇年代初頭には、共に木曜会を結成して、俳諧史の研究を行い、また、中村俊定・荻野清・松本らを中心とする『連歌と俳諧』にも参加、それから得た力を執筆中の『芭蕉七部集俳句鑑賞』に投入した。

関東大震災を境に、長年にわたった新聞記者生活を辞めた勝峰晋風は、俳諧研究者へ転じた。一九二四（大正一三）年九月、彼は俳誌『にひはり』を舞台に「近代俳人研究」第一回を発足させた。

参加者は松原地蔵尊・吉田冬葉・川島露石女・それに勝峰晋風の四人であった。川島露石女は川島つゆの当時の俳号。露石とも称した。

唯一人の女性である川島は、師事している沼波瓊音から勝峰の教えを受けるよう勧められての参加であった。

当時彼女はあせっていた。三二歳。ものを書き、発表し始めてから一〇年にもなるが、いまだ自分の領域が見いだせないでいる。それに彼女の書くものは経済的自立を可能にするものではなかった。これまで何度も書くことを止めよう、いや止めまいという心の激しいたたかいを繰り返してきた。若い日、文筆の道へ導いてくれた、今はフランスに住む大住舜が、彼女の悲痛な声に「書くをやめよ」と書き送ってきたこともあった。こういう問題を抱えている彼女は関東大震災によって住む家まで失ったのである。彼女はここで何かをしなくてはならなかった。彼女は勝峰に教えを受けるように勧めてくれた沼波瓊音に深く感謝した。

勝峰の研究会は「輪講」で行うことを特色とした。「輪講」とは「数人が一つの本を読み、解釈研究などすること」。つまり参加者が議論しながら意見をたたかわせ、互いに学び合う学習法である。もともと漢学の読書法だというから男性のものであったに違いない。

男性のなかへ一人入った川島は、本の読み方から男性風にならねばならなかったわけだが、当時の『にひはり』、続刊の『黄橙』に残されている彼女の発言はおだやかだが、しばしば鋭い意見を述べている。

勝峰の研究会は、一九二四年の「近代俳人研究」で始まり、「俳諧史」「七部集鑑賞」へと展開し、一九三六（昭和一一）年まで続いた。

川島はこの研究会にほとんど出席し、この間多くの学習をし、一茶研究者となり、さらに蕉門研究者への道をたどり、『芭蕉七部集俳句鑑賞』を書き始めるのである。

彼女が研究会を休んだのは一九二八年、松原地蔵尊等とともに「新俳句運動」をはじめ、「境地社」を作って活動した時期、『女人藝術』に参加した一九二九年、それに夫や母の逝去時くらいであった。

5 出版をめぐって

――島崎藤村の「序文を断る」

『芭蕉七部集俳句鑑賞』出版にあたって、川島はこれまでの著作とは異なって「自序」だけをつけた。一般に「自序だけをつけた」などと、ことごとしく言い立てるほどのことではないのだが、島崎藤村・勝峰晋風それに川島自身のと、三つの序をつけた初めての著作『一茶俳句新釋』以来、川島の著作は著名氏の序文を巻頭にいただき、その庇護下にあったことを考えれば、これは著名氏からの独立を意味する大変革である。

この決断は、しかし、彼女の心の中に直接起きたものではなかった。彼女は『一茶俳句新釋』出版の際、こうした研究物は女性名では売れまいと判断した出版社が、本人に相談もなしに、男性名と見まがうような川島の旧俳号を使って川島露石著としたことを「女性不遇の時代」の屈辱的出来事として生涯忘れなかった。著名人の序を入れたのも恐らくこれと同様、売れゆきを心配する出版社の意向によるものに違いないのだが、この点には彼女はなぜか敏感ではなかった。

著名人の序をつけることへの批判は、『芭蕉七部集俳句鑑賞』上梓を担当した編集者葛生勘一から出された。

川島は早くからこの本の序も島崎藤村に書いてもらうことに決めており、すでに彼から快諾を得ていた。藤村にはかつて初めての著作出版の折に、研究上の指導者である勝峰晋風の紹介で序を書いてもらっており、それ以来、彼に私淑していた。

ところがある日、編集者葛生が川島に向かって「この本は序文で売るものじゃありませんね」とにべもなく言い放ったのである。相手は天下の藤村である。それに川島自身、藤村に深く私淑してもいる。葛生はそうした事情を知りながら、「藤村の序によってでなく、あなたの仕事そのものの価値を天下に問うべきだ、この本はその力を持っているではないか」と強く説いたらしい。

自分の仕事に自信をもちながらも、どこかで藤村の名声に依りすがろうとしている心を見抜かれ、張り飛ばされ、同時に強く勇気づけられた川島は、行きにくい「序文」辞退の挨拶へ出かけた。藤村邸では夫人静子が応対した。静子は『処女地』以来親交があったが、「たくさんの方が依頼にお見えになりますが、お断りにおいでになったのは、あなたがはじめてでございます」と応じられて、川島は顔を上げられなかった。

以上は、川島から筆者が折に触れて聞かされた話である。それ以来、生涯にわたって葛生は川島にとって、すぐれてこわい批評家、真に深い理解者として変わらぬ存在であり続けた。川島の遺稿集『紫匂う』は葛生によって編集された。

6　激流に翻弄される著作

川島は『芭蕉七部集俳句鑑賞』の「序」の末尾を次のような文章で締めくくった。

一方ならぬ時勢に会しながら、よき理解の下に本書の上梓を承諾された春秋社主、及び、快き協力を惜しまなかつた社員諸氏に対して深く御礼申上る。

代々木練兵場に向ふ蹄の音を聞きながら

昭和一五年晩秋　　著者

この時期「一方ならぬ時勢」といえば、直接的には一カ月あまり前発足の大政翼賛会が、急速に影響をおよぼしつつある状況を指すと考えてよかろう。大政翼賛会は、第二次近衛内閣（一九四〇年七月二二日成立）の首相近衛文麿が総裁となって、挙国一致体制実現を推進した組織である。

それは「新体制」を合言葉に、政治・経済・文化等全分野にわたって国家の統制下に置くことをめざし、既存の政党・政治団体・労働組合・農民組合等を次々自発的に解党・解散させ、政府主導の新組織へ組み込んでいきつつあった。

国家による言論統制・出版統制ははじめてではないが、日中戦争を始めた一九三七（昭和一二）年以後は、執筆者だけでなく、編集者、出版社にも当局の干渉・監視・弾圧がおよんでいった。出版社はそのうえに用紙・価格・配給の統制も受けることになっていったのである。

一九四〇年の七月から八月にかけて、内務省内閣情報部が出版界に働きかけ、既存の出版業界の組織の解散と、内務省・内閣情報部の示す「出版界新体制案」の受け入れと実施を迫り、その結果、一二月一九日、新組織日本出版文化協会の設立総会が開かれた。

これが川島の『芭蕉七部集俳句鑑賞』出版を春秋社で用意していたころの状況であった。川島の原稿は一九三五年正月から書き始めたのだが、当初予想もしなかった社会情勢、出版事情の変化があった。彼女は著書を出版するにあたって、何としても「新情勢に応ずるため」（序）に手を加えねばならなかった。

川島が当面したのは原稿の分量の問題であった。彼女はこの著作をユニークな構想のもとで、分量などまったく計算に入れずに心ゆくまで書いてきたのである。

しかし、いざ出版にあたって川島はいやでも時代と向き合わねばならなかった。目下進行しつつある出版界の「新情勢」は恐らく春秋社の人々、とりわけ彼女の本の編集にあたった葛生勘一から聞かされたであろう。川島は「新情勢に応ずるために、割愛し能ふかぎりのものは、これを除き」、「蕉門の俳諧及び七部集のおもかげを伝えるためには、これ以上、一句も一頁も減じ得ぬ」（序）ところまで絞り込まねばならなかった。それでもなおB六判七〇〇頁の大著となった。

川島が序において春秋社社長や社員に捧げた謝辞は通り一ぺんのものではなく、「新情勢」に対応するための苦労を分かち合った者の思いがこもっている。

新しく設立された日本出版文化協会の事業は、出版企画の届出制、出版用紙の割当制、図書推薦の三つであった。協会は出版各社に出版計画の届出を出させ、事前審査によって出版の可否・用紙の割当量を決める点で、官による事前検閲と異ならなかったし、業者にとって命である用紙をからめた点で、それよりさらに厳しいものであった。その寸前に『芭蕉七部集俳句鑑賞』は出版された。新しく作られた協会からの規制を直接受けるのは、その後であるが、その前夜の緊張もまた格別であったろう。

7　文部省推薦図書となる
――文部省調査・推薦委員会審議経過

『芭蕉七部集俳句鑑賞』は出版の翌年六月、文部省推薦図書となった。しかし、この文部省の調査・推薦両委員会の決定は簡単にはいかなかった。

川島の遺品のなかに、「大日本帝国政府」と赤字の太文字を横書きに印した用箋を使って、『芭蕉七部集俳句鑑賞』が文部省推薦図書となったことへの祝辞と、調査・推薦両委員会での経過を川島に報告した文部省の係官と思われる寺田弘よりの書簡がある。

寺田書簡によると川島の『芭蕉七部集俳句鑑賞』は、文部省推薦図書選定の過程で二度も「却下」されそうになった。一度は提出が志田義秀の『芭蕉俳句の解釈と鑑賞』が「推薦された直後」であったためと、価格の問題があったという。

志田は東京帝国大学国文科出身。同大学等で俳諧史を講じており、一九三七（昭和一二年）年、「問題の点を主としたる芭蕉の伝記の研究」で文学博士となった著名な俳文学研究者である。これに対して、川島は肩書なしの在野女性研究者である。山中笑《えむ》（号共古）等の教示・助言を受けつつ、勝峰晋風のもとで勉強し、機会を与えられて、第一著作『一茶俳句新釋』を書き、半田良平の尽力で出版。一茶百年忌を記念する『早稲田文学』に「江戸時代の一茶」を書いて注目され、未知の相馬御風の強い勧めで『一茶の種々相』をまとめたが、『芭蕉七部集俳句鑑賞』を書くまでは、蕉門を中心とする研究者ではなかった。

その川島の著作が同じようなテーマの志田著作の後を追って、文部省推薦図書選定の場に出たのである。双方の著作を読み込んで優劣を決める前に、川島が劣位に置かれたのは当然だったろう。

いま一つ、彼女の本の値段が高すぎるという問題がある。『芭蕉七部集俳句鑑賞』は定価四円五〇銭。一九四一年度文部省推薦図書の値段は一円以下から三円が多い。そのなかでこの本は群を抜いて高価である。本文六七六頁、索引二四頁、計七〇〇頁の大著であったためである。

川島は一九三四年の秋から冬にかけて母と夫を喪った。彼女にとってこの本を書くことは、孤独のなかで自らの再生をはかることであった。恐らく彼女は、文部省推薦図書に選ばれようなどとはまったく考えてもいなかったろう。孤独だが初めて自由な時間を得たのである。彼女はこの著作に打ち込み、心ゆくまで書いた。長い間の母や夫の看病から解き放たれて、自分の時間を心ゆくまでその著作に注いだのである。

彼女は本文・索引のほかにも七部集校訂本を附録として加えたいとも考えていた。しかし、書き始めの一九三五年から、時代は激変していた。戦争の拡大・激化で物資が不足し、出版業界も紙不足に直面していた。この「新情勢」に応じるために、彼女も付録をつけることを思いとどまり、原稿も切り詰められるだけ切り詰めざるを得なかった。その結果の七〇〇頁、四円五〇銭の本なのであった。

ところが、調査委員会で一度、推薦委員会で一度と、二度にわたって今にも「却下」されようとしたこの本が、問題の一つとなった定価四円五〇銭のまま、一九四一年六月、文部省推薦図書に選ばれた。

これは何よりもまず川島の著作が優れていたからだが、選定の現場に立ち合った寺田弘の書簡は、その優れていることを評価・証明し、それが委員会の意見となるよう強力に働きかけた委員が調査・推薦委員会双方にいて、その人々の努力によって実現したことを報告している。

調査委員会では、志田の本が「推薦された直後」に、川島の本が提出されたことと、本の値段の問題とが重なって「遂に却下さるゝのやむなき」にいたったとき、「強硬な推薦論」をもつ「一部」委員が『芭蕉七部集俳句鑑賞』の「内容の優れてゐる点を指摘し」、「却下」反対の声を上げたという。

それによって情勢は逆転、当局が川島の本を買って全員に配布した。ここで初めて全委員が川島の本に目を通し、検討することになったようである。恐らく「強硬な推薦論」をもつ「一部」委員以外は、志田の『芭蕉俳句の解釈と鑑賞』を推薦したことで、事は終わったと考えていたに違いない。その考えを破った「一部」委員の批判は強烈なものであったろう。彼らの批判は川島の本を推薦委員会へ送ることを可能にした。作品の評価をもって、「先例」にこだわる調査推薦委員会の権威の壁に風穴を開けたのである。

しかし推薦委員会に移って、再び「却下」に追い込まれる。先例の有無に固執する委員たちによって価格の問題が再燃したのである。

そのとき、学習院教授の新関良三が立って、川島の本を「激賞」、「却下」の声に対しては「推薦の意義を曲解するもの」と批判。むしろ、この本についてだけでなく、以後は、「良書」なら定価が高くても推薦するように、この本はその「新例」にしようと、新しい問題として提起、それで決定し、川島の本は「満場一致」で推薦されたという。寺田書簡はこの一連の動きをドラマティックに伝えている。

川島の『芭蕉七部集俳句鑑賞』は今日では、昭和前期の代表的「芭蕉研究資料」のひとつとして位置づけられている。それが刊行されて間のない、学会の評価が出始めたばかりの時期に、これを優れた著作と読みとり、文部省推薦図書の座に据えたのは、このような人々であった。この優れた委員たちを著者とともに記憶すべきである。

五 『芭蕉七部集俳句鑑賞』への批評

1 穎原退蔵評

一九四一（昭和一六）年一月一七日の『朝日新聞』は、『芭蕉七部集俳句鑑賞』を取り上げ、俳諧を中心とする江戸文学者穎原《えばら》退蔵が、この書に対する紹介、批評を行った。穎原はまず、『芭蕉七部集』が、「俳諧史上最も大きな存在」であること、これに関する注釈・評釈は主要なものだけで「十指にあまる」が、従来の注釈は「殆ど連句のみに限られ」、「発句にまで亘って説いたものは一二に過ぎない」ことをあげ「今日要求されるものは、むしろ俳句の鑑賞に資すべき研究である」とする。

穎原はこういうなかで川島が『七部集』中の発句（俳句）の代表的なものすべてを取り上げ、その注釈に「十年近くの歳月を孜々《しし》としてこれがために努めた」ことを高く評価している。

それだけでなく、これが「極めて精到《せいたう》な考証の上に立って解釈の客観的確実性を期して居る」ものであること、しかも、それでいて「考証のための考証に陥らず、結局作品の芸術味を真に味はおうとするための用意に外ならなかった」こと、「読者はそこから正しい鑑賞へ導かれるのである」と評価した。

穎原は、この著者が「女性の身で長い学究的努力に耐へ」たことをあげ、「しかも七部集の研究中最も不備な部分に見事な新開拓を試みた」ことを深く喜んでいる。

2　雑誌『文学』新刊紹介

『芭蕉七部集俳句鑑賞』は、雑誌『文学』一九四一（昭和一六）年三月号の「新刊紹介欄」でも取り上げ、この仕事を、「前人未発の新分野を開拓されたもの」と紹介した。そのほか、筆者（山本善太郎）は、巻頭の「七部集について」で、「七部集の展開について傾聴すべき説を立ててゐる」と注目する。

例えば、著者は、全国的に蕉門以外、故人をも含めた「曠野」を「余りにスケールの大きいために勢ひ玉石混淆《こんこう》の憾あるのを免れない」としながらも、「全国の諸作家を一堂に集め、おのづから異風をも紹介し、また溌剌たる無名作家の苗床たる観もある」、「多分に野心的な撰集」と捉え、「蕉門青春期の表象」と見る点である。この川島の「鋭い目」は、読者に「予備的、概観的知識を与へるもの」だと評価する。

また、この筆者も「芭蕉七部集の研究上に於けるこの大なる労作が、しかも一女性の手によって完成された事に対して敬服せざるを得ない」としている。

3　島崎藤村評

『芭蕉七部集俳句鑑賞』が出版された翌年四月号の雑誌『改造』に、島崎藤村の随筆「慰問袋」が掲載された。九頁にわたるものだが、そのうち二頁近くが川島の新刊『芭蕉七部集俳句鑑賞』批評にあてられている。

はじめに川島との交流に触れ、彼女が「時には武蔵野に咲く古い草花の根なぞを我家の庭に残して行くこともある人」だと紹介し、「今度の新著が上梓される折を迎へたら早速持参してその歓びを分ちたいと言はれたほどであった」とも書いている。

川島が『芭蕉七部集俳句鑑賞』の序を依頼したのは、こうした藤村との親和的関係のなかであった。それだけにそれを断ることの難しさがあったはずである。しかし著名人依存から抜け出すには避けられない道であった。川島はそこを突破し、自立の道へようやくたどり着いたのである。

藤村は何事もなかったように、川島の新著が「七部集の俳句に関する諸家の定説、新説」で、「参酌せられないのはなく、考証尽くされざるはない」と評し、「婦人の身にしてかかる学究的な仕事に耐へ得たことすら異数とすべきであるのに、句毎の批評また有益な文字に富んでゐる」と、綿密な考証と「句毎の批評」が相まって優れている点をあげ、称賛している。

ほかにも藤村は、川島が巻頭「七部集について」で述べている『猿蓑』の「華」に対して、『炭俵』を「実」とする古くからの評価に対して、「蕉風の危機はこの実に孕《はら》んでゐたのである」とし、「謂はゆる『炭俵』が芭蕉晩年の俳調を最もよく代表してゐるとも言切れぬのである」といい、芭蕉が元禄七（一六九四）年の初夏、最後の大旅行を思い立ったのは、この旅行においてなお、「この新境地を自他共に徹底さすべき大覚悟を抱いてゐたのではありますまいか」と考えるところを「殊に光って見える」と評している。

藤村はまた、川島が俳諧を「民族的特性であるエスプリを基調とする文芸・詩である限り、その内部に於いて、原始的エスプリへの還元が絶えず行はれてゐると見ねばならぬ」とし、「猶又、その通俗性、庶民性の故に、指導者を失って野に放たれゝば、限りなく低俗化する危険性に絶えず晒されるのである」とみる点も「鋭い」と評する。

全体として藤村は、川島の『芭蕉七部集俳句鑑賞』を「ただの鑑賞の書ではない」とし、「古典を古典として眺めず、その中に脈打つ俳諧性と芭蕉の精神とを誤りなく把握すべくつとむべきだ」と言っているところにも、川島の「到達した境地」があるとする。

藤村は長い評論の末を、「これほどの好著を出して、正しい考証と親切な解釈とから、一層故人の芸術に親しませて呉れるこの長い骨折りに対しても、わたくし達は著者に感謝しなければならぬ」の言葉で結んでいる。

穎原といい、藤村といい、『文学』の新刊紹介者山本といい、三者いずれもが川島の仕事の優れた点をあげ、それが「女性の身」であるにもかかわらず、長い学究的努力に耐え得た成果であると指摘している。

当時の日本では、藤村や穎原ですら学術研究は男性の仕事であると考え、女性は長い研究生活には耐えられないもの、と考えていたのである。

4　二冊の推薦図書の行方

一九四一（昭和一六）年六月『芭蕉七部集俳句鑑賞』が文部省推薦図書に選ばれ、続いて一九四二年、小学館から出した『加賀の千代女』も推薦図書（児童図書）に選ばれた。まったく皮肉なことだが、重苦しい戦時が、川島の人生にとって、もっとも輝かしい時となったのである。しかし、やはり戦時であった。その辺の事情を川島は次のように記している。

> 戦時体制に入つてから私は二冊の文部省推薦図書を持つた。それぞれの部門の学者が動員され、持上り式にフルイにかけられた毎月の新刊図書の中から更に数冊厳選されるので、国鉄の駅々・官庁・書店等には宣伝ビラがはられ、ラジオという鳴物入りで花やかなものであつたが、やがて軍部によつて不要不急のラク印が押され、前者「芭蕉七部集俳句鑑賞」は第四版《ママ》、後者「加賀の千代女」は第三版《ママ》を限りとして重版不能となつてしまつた。
>
> （『三猿記』より）

問題の二著作は時代に抗するものではない。しかし、時代に迎合するものでもない。戦争は激化し続けていた。そのなかで、彼女のこういう性格の著作は、軍部から戦争遂行の役には立たないものとして排除されたのである。

『芭蕉七部集俳句鑑賞』に許された最後の第四刷は、一九四三年刊で三〇〇〇部出版されたが、初版が立派なだけに、比較しようもないほど粗悪な紙質・貧弱な装幀である。戦争による文化の急速な衰退が生々しく目につく。

六 戦中の交友

――石川三四郎・岡本文弥・川島つゆ

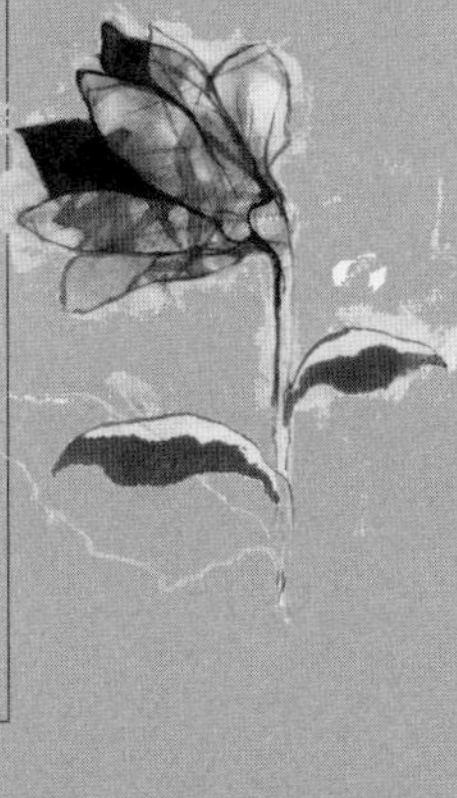

新内の岡本文弥に「慈眼視衆生」（『石川三四郎著作集』第一巻 論稿Ⅰ所収 青土社刊）と題する社会主義運動家石川三四郎追憶のエッセーがある。

岡本はそこで「石川さん」と「川島つゆ女史」がたびたび連れ立って自分の新内を聴きに来て、楽屋へも顔を出してくれたこと、その時期は「昭和十四、十五年を中心に、前後十年ぐらいではなかったか」と記憶をまさぐっている。

もっとも、それから一〇年も過ぎた一九五〇（昭和二五）年三月一八日、東京上野広小路本牧亭で行われた「文弥の会」の「ガリ版番組」が彼の手元に残っていて「文弥通信三月号当夜呈上　辰巳巷談評　石川三四郎・川島つゆ氏等」とあるのを見つけ出し、「戦後も尚来聴されていたことが分って驚くのです」と感慨深く述べている。

石川・川島が評を残しているというこの日は、二曲の新作「辰巳巷談」（原作 泉鏡花）「火の柱」（原作 木下尚江）を発表したという。石川には昔の社会主義運動仲間であった木下尚江の『火の柱』がお目当てだったろうが、『辰巳巷談』評だけを残しているところからみると、「色っぽい辰巳巷談の情緒の方に引かれたという事か、分かる分かるという気がする」と冷やかしながら伝えている。

この翌年、川島が別府女子大学（のちの別府大学）へ赴任、九州へ下ったのだから、この時期以後、石川・川島が揃って岡本の新内を聴きに行く機会がなくなったのである。

ところで岡本文弥は一九三〇年ごろ、プロレタリア新内をめざし、『西部戦線異状なし』とか『磔《はりつけ》茂左衛門』等の新作を発表、官権の弾圧を受けていた。しかし、やがてイデオロギー新内を脱却。伝統に根ざしながら、しかも新しい新内を創りだしていった。石川・川島が連れ立って岡本の新内を聴きに通ったのはこの時期であったろう。

石川・川島は聴くだけでなく、感想や意見を言い、新作の提案をした。一九四〇年六月一二日、東京三越ホールでの「趣味の文弥会」での舞踊「浪子」は、「石川さんが蘆花の『不如帰』を新内で語ってみたらと前からの奨めに応えたものである」と文弥は語っている。

一九四一年一二月には新作『芭蕉』を発表した。もちろん石川・川島は揃って聴きに行った。川島の『芭蕉七部集俳句鑑賞』出版の時期で、岡本・川島の間で厳しい芭蕉論が交わされている。

こう書くと、石川・岡本・川島の交友はいかにも楽しげである。だが、石川三四郎年譜の一九四一年九月以降の項をみよう。同年九月二〇日、評論集『時の自画像』刊行、すぐに発売禁止となる。一二月末『古事記神話の新研究』第一二刷印刷完了直前に当局より圧力がかかり、出版中止となる。東洋文化史についても日本に関する記述を避けるよう内命があった。石川の研究は官権によって破壊されているのである。

文弥と石川の付き合いは古くて深いようである。文弥の母先代　宮染に師事し、「新内の奥義を極め、六十年近く私の三味線を勤めて今日に致る」と文弥が絶賛する二代目宮染、本名延島せつ、その家族と石川が親しかったのである。文弥は「石川さんはせっちゃん出演と聞いて来聴され、それがきっかけで私を聴きに来られるようになったのでしょう」という。

延島家は母親が東京本郷駒込にあった労働運動社の留守居をしていた。ここが大杉栄の遺骨の安置されていた場所で、また大杉の遺骨が盗み出されたところだという。

周知のように石川は、大杉栄等の社会主義運動の同志で、大逆事件以後、ヨーロッパに七年間も亡命していた人である。彼は社会主義運動家として労働運動社にかかわり、延島家と親しかったのである。

川島は晩年文弥に宛てた書簡で次のように書き送っている。


世俗的欲望とはなれて、お好きなことをつづけていらっしゃるあなたの生き方を羨ましく思い、石川老人が精神的な後援者であった意味もわかるような気がします。(注1)

文弥と川島は、「連句」によって結ばれたこよなき友人でもあった。川島没の翌年はじめ、彼は川島への追悼文「紫匂う――川島つゆさんとの交友」を『婦人公論』一九七三年一月号に書いた。

川島と石川三四郎をつないだのは望月百合子のようである。川島が長谷川時雨の『女人藝術』に参加したなかで、石川と生活を共にしていた望月百合子と出会い、彼を知る機会を得たものと思われる。石川との交友は終生続いた。

とくに敗戦前夜から敗戦直後の一九四五年の川島は、石川家に出向き、社会情勢の情報を手に入れている。「東京から疎開」しなかったのは石川家で知り合いになった大宅壮一の「もうすぐ終戦ですよ」の助言があったためと晩年語っている。また敗戦直後、何度もビル街の路上で、石川三四郎の著書を売っている。

戦後大分県別府市に移り住んだ川島にとって、石川の住む「千歳村」（現　東京都世田谷区）は終生のふるさとであったのかもしれない。

注1　岡本文弥宛川島つゆ書簡　一九四〇年一一月一〇日

七　戦時下に暮らす

1　二冊の金銭出納簿

川島は二冊の当用日記帖を残している。一冊は一九三九（昭和一四）年博文館が出したもの、いま一冊は一九六一年刊の衣食住株式会社版である。

博文館『当用日記』の出た一九三九年は第二次世界大戦の始まった年である。すでに二年前、盧溝橋事件に端を発した戦火は日支事変（日中戦争）となって燃え広がっていた。

時代を反映してこの日記帖の内表紙には、色つきの「北支・中支方面要図」「中支・南支方面要図」「揚子江流域地方」等が掲げられ、それにこの年が渙発《かんぱつ》（詔勅を発すること）五〇年にあたるとして「教育勅語」も掲げられている。さらに巻末の「当用百科大鑑・昭和一四年版」なるものの冒頭には、前年四月一日交付の「国家総動員法」がおかれ、「陸軍平時兵力」「支那事変戦果計数」「銃後国民の熱誠の結晶」の添え書きのついた「国防献金」の項、翌年開かれる予定の「紀元二千六百年祝典」関係記事等々が押し並んでいる。

いま一冊は一九六一年に衣食住出版（株）が、東京芝浦電気・東芝商事からの資料提供を受けて作ったという日記帖である。前記博文館『当用日記』が日中戦争宣伝本の態であるのに対して、これは戦後の、一九五〇年後半から六〇年代、政府・企業あげて家庭電化を推進していた、いわゆる高度経済成長期の申し子である。その名も『家庭電気日記』。

冒頭には、広島・長崎の惨禍などまったく知らないかのような「夢の産業　原子力の平和利用」なる論文が掲げられている。

ところで川島は、この二冊の日記帖を日記帖としては使わずに、金銭出納簿・家計簿に転用した。月ごとに収支がまとめられたものだが、時に改めて一年分をまとめたり、何年間かのものをまとめてもいる。恐らくその間の金銭の動き、流れ、預金の金利等をみたものであろう。収入の項目について、どこからの印税、原稿料かを明記してあるのはもちろんだが、収支項目への記入で、何を買ったかを始め、恩師や友人・知人への冠婚葬祭にあたっての「志」をきわめて具体的に記しているのが特徴である。これによって彼女がどんな暮らしをしていたか、どういう人間関係をもっていたかの想像ができる。

彼女には一度記入した事項や金額等を再点検し、誤りを正し、時に誤った理由を書いて削除し、逆に記録から落ちていたものを加えるという慎重さがあって、再点検の跡を通して、彼女の生活への心配りが浮かび上がってもくる。

彼女は日記嫌いでもあったようで、まとまった日記を残していない。しかし、この家計簿・金銭出納簿の生き生きとした記述は生半可な日記のおよぶものではない。生活者としての彼女の具体的姿・匂いが家計簿・金銭出納簿のなかから浮かび出てくるのだ。研究費を自分の力で調達しながら、研究を発展させることに懸命であった一人の女性在野研究者（のち、私立大学教授）の残したこの二冊の帳簿は光を放っている。

彼女は、「日記帖なんか貰って、めんどうなことである」（一九三九年版日記帖一月一〇日）

などと毒づく。もっともこれは彼女一流の言い方で、日記帖をくれた人の好意にこんな形で応じてみせているのだが、この年の年頭所感でも、

改めての感想なんてものは年と共に無くなって了ふのだろうか。殊に私なんか年齢を忘れようとしてゐる位だから。

と仏頂面をかくさない。しかし、経済問題については真剣である。

昨夜、一年の総決算をして、昨年中は随分濫費《らんぴ》したものだと思った。自分のことやら人のことに。濫費を改めて止めようとも思わぬが、少し稼げたらとは思ふ。昨年は原稿料としては『解釈と鑑賞』から金五円也を貰ったきりになっている。

彼女は新年にあたって前年一年間の総決算をしている。そのため、恐らく日々の金銭の出入りの記録が用意されていたに違いない。原稿料五円を貰った『解釈と鑑賞』は、至文堂から出ていた国文学の専門誌で、彼女は前年の七月号に「蕪村名句鑑賞」を書いている。原稿料の五円は、そのころの出納簿に月々現われる、彼女が何かを習うために支払っていた月謝一カ月分と同額である。

一九三八年の総決算の結果、濫費したことへの反省はあるが、これを「改めて止めようとも

思わぬ」と言える余裕はあるが、「少し稼げたら」と思うのも本音である。

一九三九年、翌四〇年は夫 沼田頼輔の死後一カ月余りで執筆を始めた『芭蕉七部集俳句鑑賞』が終盤にかかっていた。濫費を止めようとは思わぬというが、書くことで少し稼ぎたいという思いもまた強い。しかし戦争の激化するなかで、彼女の書くものは平和すぎ、優しすぎた。書く機会をほとんど与えられないなかで、当時の川島の家計は厳しかった。一九四〇年の家計簿によると、収支差引残高がプラスだったのは七月の一カ月のみであった。一・二・一二の各月は収支差引ゼロ。後の八カ月は赤字である。七月の黒字は亡夫の印税が入ったことによる。

彼女が人から贈られた日記帖に悪態をつきながら、これを金銭出納簿に転用したのは、このようなかでのことであった。当面『芭蕉七部集俳句鑑賞』を完成させ、出版するための羅針盤としたのである。

2　戦争末期の日常
――『三猿記』より

一九四五（昭和二〇）年、川島は五三歳の正月を迎えた。一人住まいになって一〇年目である。以下は戦争末期の川島の自筆日記の要約である。

少し発熱し、浮腫が去らなかった。大晦日の夜半から元朝にかけて、三回敵機来襲。三回とも警戒警報のままで高射砲が放たれた。二回目の来襲は除夜過ぎてからであったから、ともかく除夜の鐘は聴くことはできた。

暮れの三〇日には今年最後の野菜の配給があった。ねぎ一本、小指ほどのにんじんの尻尾で計三銭也。後は三日までないとのこと。正月をひかえるときだけにやりきれない気持ちになった。

ところが隣組の若い細君の思いやりで、牛蒡・にんじん・大根・八ッ頭までいただいた。お蔭で近年稀なお雑煮をととのえることができた。

すっかり元気になり、大晦日の最後の筆で名古屋のOさんに手紙を書く。新年から主として明治後期から大正年代への回顧を書き綴ってみるつもりであることを知らせた。こう書くことによって自分自身に「のッ引きならぬ責」を負わせるためであった。

いま一つは昨年の秋、二〇年ぶりに会った幼な友だちS子との話をみのらせることであった。S子とは久々の出会いに、いろいろと語り合ったが、私はふと、「明治の娘の記録をのこすのは、もう私達の番かも知れないわよ。」と深い感慨を込めて言った。この思い立ちはS子さんを喜ばせた。記憶力の優れたS子と自分の筆とによって、明治の娘の記録を作ることを、空襲下の一九四四年大晦日の夜半から元朝にかけて心に決めた。かって自分たちは幕末から明治初期・中期の回顧談の聞き手であった。気がついてみると、そうした語り手の多くを喪って、バトンはいつか自分たちの手に渡っていたことに気が付いたのである。

二切れの餅

一月三日の朝、S県々立中学の教師である友人のY氏（山本善太郎＝筆者注）が、白菜と、私の預けておいた純毛のコートをリユックに詰めて背負つて来てくれた。コートはY氏の細君が病体の私へのやさしい心遣ひから持たせてよこしたものであつたが、現下の情勢では、この冬中長いコートを着て歩くことも出来まいし、たつた一枚の純毛を（空襲で）焼きたくないと云ふと、それではと、又背負つて帰つてくれることにした。その時Y氏はポケットから白いお餅を二切れ出してくれた。「うちにも無いんですよ」と云ひながら。私の配給の七百グラム—のし餅半枚—は十八切れにこなして、八切れは暮れのうちに食べてしまつたので、十切れで三元《ママ》日のお雑煮をまかなふのであつた。元日に三切れ、二日に四切れ、三日目には具菜の八ツ頭も無くなつたので、ざんぐりとした三切れではたしかに足りなかつたのだが、この二切れの援軍は寝起きの私をひどくよろこばせた。

（『三猿記』より）

山本氏は『芭蕉七部集俳句鑑賞』が文部省推薦図書になったとき、雑誌『文学』（岩波書店刊）の新刊紹介欄で、優れた書評をしてくれた若い友人である。三月一〇日の第一次東京大空襲直後召集され、恐らく日本を離れる最後の船で中国に送られ、敗戦後河北省まで帰ってきて鉄道警備にあたっていたが、一一月四日未明、濃霧のなかを八路軍に襲われ、銃をとり、戦死した。

二〇年一月八日

昨夜から警報が発せられなかつたので暖かに眠ることが出来た。今日は一月八日である。ごろ寝も最早一ケ月余りになる。習慣は奇妙なもので、この頃では寝巻に替へては寒くて寝られそうもない。今日は風もなく、上々の飛行日和である。（中略）

今朝の新聞——私のラジオは久しく破損したままになつてゐたが、近頃では真空管の入手が殆ど不可能となつたので思切つて廃《や》めてしまつた――によると、敵は遂にリンガエン湾に侵入して、沿岸を艦砲射撃中とのこと。此処で喰止めるか、喰止められないか、戦は正にギリギリの段階にまで押つめられて来た。（中略）

斯うしてゐる間にも、特攻隊は次々に火の玉となつて突込んで行つてゐることであろう。（中略）旧臘の発熱以来脚気をわづらつて重い脚を引摺つてゐる私は、今日もまた静かに座つてゐる。午後になると用水の氷を砕いて注水するのが一仕事である。

（『三猿記』より）

町内の人々と

日夜ブザーが鳴り、高射砲がとどろき、時には火を噴いて落ちる敵機を目の前にしながら、私たちは実は何も見てはいなかった。何も聞かされてはいなかった。（中略）大本営発表は「我軍の戦果多大、損害僅少」であり、玉砕につづいて転進という新語も発明されていた。

おろかしき民衆、というよりも、おろかにさせられていた民衆は、しかし、民衆自身の知恵によって、疑いを通して、次第に戦争の実相を感じはじめていた。わが精鋭なる海軍は、すでに海底のまぼろし艦隊と化し去っているというようなことも、強制内職のボタン付けの手を動かしている婦人たちによってひそひそと語られていた。（中略）

それでも私たちは災厄を最少限に食止めようとする責任感は分っていた。あと二三分で飯がたきあがろうとする時空襲警報となったので、私はガス栓に手をかけたまま伏せの姿勢をとっていたことがあった。爆撃による命終のセッナにも、栓を締めようとする執念だけは生きているだろうと思ったからである。そのガスも出なくなった。電力も弱くなった。

（『三猿記より』）

町内に青年も学童もいなくなった。青年たちは戦場に行き、子供たちは学校あげて疎開したのである。目つきのするどい中老親父が防空訓練の指揮をとって、六〇の老婆までに歩調をとらせ、行進させたりする。バケツリレーのためのハシゴの中段乗りのコーチをしてくれたペンキ屋のおやじさんは、中風の予後を養う暇もなく、町内の要請のままに指揮にあたっている間に再発、急死したという。

八　旅立ちの前夜

1　売文と人もこそいへ
――旅立ちへのゆらぎ

売文と人もこそいへ売文に
　生きはてざりし身の面《おも》なさは
（歌集『いづみ』別府大学短歌会刊）

平素の御無音御ゆるし願ひます。私事昨年五月別府女子大学教授に任命されましたが、容易に思ひ立ちかねて今日に至りましたところ、学長以下の懇情にもだしがたく今回急に赴任することに決しました。何分にも心身の急転換のため、御厚誼頂いて居ります方々に親しく御挨拶申上ぐる余裕もなく失礼のまま出立致しますが、あしからず思召御ゆるし下さいませ。然し休暇毎に帰省致しますから、これまで通り今後とも何卒よろしくお願ひ申し上げます。

昭和二六年四月

別府女子大学内
川島　つゆ

川島の遺品のなかにあった、一枚の使用されないままのはがきの文言である。

これは川島が別府女子大学への赴任を、恐らく親しい知友、出版関係者等に知らせたものの残りと思われるが、前年の五月に任命されたけれども、「容易に思ひ立ちかねて」一年間赴任しなかったことや、今回の赴任が「心身の急転換のため」「急に」決意されたものであることが語られている。

発信の日付は四月とあるだけである。この学校の、この当時の入学式は例年五月始めに行われていた。川島もこれには出席していたようだから、はがきはその前にでも投函したのではないかと推測する。

川島はなぜ「急に」、「心身の急転換」をして、別府行きを決めたのだろうか。はがきの文面にある「学長以下の懇情」に負けたというところに大きな理由の一つはあるだろう。

発足した女子大学は文学部であった。それは土地柄とひどく違ったものであった。当時の大分県は女学校卒業後、この土地で進学しようとすれば小学校教員・青年学校教員養成機関(現 大分大学教育学部)しかない所であった。そこにもってきて非実学的な文学部の女子大学を創ったのである。当局は、財源の問題はもちろんだが、学生募集、教員確保に苦しめられたに違いない。

大分県出身の作家 野上弥生子の日記のなかに、この学校当局者が弥生子の弟「フンドーキン醤油」の経営者小手川金次郎の口添えで弥生子の長男素一(イタリア語・イタリア文学研究者、一九三六年、第一回日伊交換留学生、京都大学教授=筆者注)を言語学の講師として年三〇時間依頼したり、複数の当局者が直接東京の野上家を訪れて懇願しているのを見ることができる。(注1)こういう苦労を重ねている当局者としては、教員予定者として大学設置審議会の資格審査を受け、その結果、教授と判定されていながら一年間も赴任をしないままでいる川島へ、彼女が根負けするほど来別を要請したであろうことは、十分想像できる。これに対して彼女は一年間「容易に思ひ立ちかねて」いた。それが「今回急に赴任することに決しました」というのである。

彼女の「心身の急転換」は何によって起こったのか。彼女は一九四五（昭和二〇）年三月のB29による東京大空襲で住居を失い、生活を大きく破壊されたが、それでも在野の研究者として、もの書きとして、この危機を東京で切り抜けようとしていたのである。

敗戦後間もなく、京都の学者たちによって『俳文学叢刊』（三六冊）出版が計画され、川島にはその一冊として『女流俳人』が「ふり当てられ(注2)」ていた。

敗戦を玉川べりの友人の家で迎え、ここで『一茶』を書きあげ、一九四六年九月春秋社から出版。北武埼玉県熊谷に移住後の同年初冬には、かつて文部省推薦図書となった『芭蕉七部集俳句鑑賞』の改訂版出版の用意をし、一九四七年三月、南北書園から出版した。しかし、この時期もっとも精力的に取り組んだのは『俳文学叢刊』の一冊となる予定の『女流俳人』であった。

配給される食料はますます乏しくなっていったが、埼玉県熊谷市に住んでいた彼女は、「松宇文庫を見せてもらうために、三日分の米を提げて上京したこともあったが、野間邸内にある文庫の扉は、戦火を受けて錆びついたままとなり、内容の安否も不明という有様であった。(注3)」

資料不足のまま一九四六年秋ごろから執筆を始め、一九四八年二月にはほぼ完成した。ところがこの『俳文学叢刊』は刊行されなかった。一九四九、五〇年に起こった出版界の不況のなかでその契約書店も解散したのである。

川島が別府への移住、別府女子大学の教員となる道を選んだのはその時であった。彼女が別府女子大学から来別をせかせられながら動かなかったのは、『俳文学叢刊』の刊行されるのをひたすら待っていたためであった。

もしその時これが刊行され、その一冊として『女流俳人』が出版されていたら、川島は別府へは向かわなかったであろう。せめて一九五〇年一月から六月にかけての大量の雑誌の休・廃刊がなかったなら、彼女は東京にいて、細々でも文筆業で生きる道を選んでいたであろう。そういう想像をしたくなるのが、「売文と人もこそいへ……」の短歌である。

そして四月、つゆは別府女子大学にいる。このまま「売文の徒」として生きるか、誘いのあるいま、大学の教員になるか、この三年間、天津雁との両吟を楽しむ心の一方で、ずっと考え続けた果ての、電光石火の決断であり、行動であった。しかし敗北感は深い。

売文と人もこそいへ売文に
　生きはてざりし身の面《おも》なさは

は、こんな背景をもつ作品である。

注1　『野上彌生子全集』第Ⅱ期第一〇巻　岩波書店
注2・3　『女流俳人』序にかえて

2 『女流俳人』執筆

女流俳人は男性を主とする俳諧史上に点綴された色糸のような存在であったので（中略）女流を主とする場合には、（中略）自然歯の抜けたような不具《ママ》な俳諧史とならざるを得ない。

（『女流俳人』序に替えて）

ここに『女流俳人』執筆にあたっての川島の「悩みの一つ」があった。川島の「悩みの一つ」を考えるとき、いささか唐突だが政治思想史家 水田珠枝の代表的著作『女性解放思想の歩み』中の発言が思い起こされる。その著の巻頭第一項に「女性史は成立するか」という衝撃的タイトルを掲げ、

これまでの歴史は（すくなくとも書かれた歴史としては）、男性の歴史であった。支配的な思想は、支配する性すなわち男性の思想であった。このことがまず、女性史、女性解放思想史の成立を困難にする。

歴史の本を開いてみると、男性の活躍であふれている。（中略）女性の名は、かれらのあいだにかくれ、うっかりすると見落してしまうほどわずかしかでてこない。（中略）わ

ずかな人数をならべてみても、女性の通史を書くことはできないし、まして女性の思想の歴史をあとづけることは不可能である。

と述べた。「わずかな人数をならべてみても、……女性の思想の歴史をあとづけることは不可能である」の「思想の歴史」を「俳諧の歴史」に代えれば川島の直面した問題そのものである。

水田の論の背景には一九六〇(昭和三五)年末、七〇年代にかけて行われた国際的・国内的女性史論争がある。

一九六七年、イギリスでメリアン・ラメルスンが『女性の反逆』を出版、これをきっかけに女性史の方法にかかわる論争が起こった。ジュリエット・ミッチェルは、この本によって女性史成立不可能を唱えた。女性は父や夫の陰にかくれて独自の活動をもたず、したがって継続的歴史をもたないからだというのである。

これに対してアメリカの女性マーガレット・ジョージは『ある女性の「状況」』を書き、女性が自分の生活の主人公となるまで(「前史」)の受動・従属・負の記録こそが女性史だとして、ミッチェルの女性史成立不可能論を批判した。

同時期、日本でも女性解放運動の立場で書いた井上清の『日本女性史』を、生活史を提唱する村上信彦が批判、解放運動史の米田佐代子・伊藤康子らが反論するという論争が行われていた。

川島が『女流俳人』を書いたのはその一五、六年も前のことで、この論争とは何の関係もない。だが、何のかかわりもなく、俳諧史という特殊な分野で「女流俳諧史は成立するか」を問うた眼力に注目させられる。

「序に替えて」によれば、川島は『女流俳人』を書くまでは、同性の作品に心ひかれることが少なく、俳諧史上における女流の地位を重くみることもできなかったという。そもそも『女流俳人』の執筆からして川島の発意ではなかった。敗戦直後、俳文学者のなかに『俳文学叢書』三六冊を刊行する企画があって、彼女に振りあてられたのが『女流俳人』であった。すでに一茶研究者として立っていた時期であったから、これは決して気乗りする仕事ではなかったらしい。しかし、この本を書くなかで川島は女性史に開眼した。一人ひとりの女性俳人へ注いできた目を、類としての女性俳人へ向けた結果、そこに存在していた問題が見えてきたのである。

九　敗戦後の暮らし

1　別府大学の誕生前夜

川島つゆの赴任した別府女子大学は敗戦の翌年、一九四六（昭和二一）年五月一日、別府市郊外北石垣にあった華北交通療養所を校地、校舎として創られた別府女学院を原型として発展した学校である。それは高等女学校卒業生を対象として、国文科・英文科・経済科の三科で構成されていた。この学校は一九四七年には別府女子専門学校に昇格、五〇年三月、新制大学として認可され、別府女子大学となった。この四、五年間の三段飛びともいえる激変は、四五年八月一五日の日本の敗戦、その後の連合国軍占領下における急速な学制改革によって初めて理解できるものである。

一九四六年三月五日、ＧＨＱの要請によって米国教育使節団が来日、約一カ月滞在後、教育に対する官僚統制の排除、六・三・三・四制による学制実施等、教育の民主化を勧告する報告書を提出した。以来、戦後の学制改革はそれに沿って急速に動き始めた。

六・三・三・四制実施にあたって、占領軍指揮下の文部省は、校舎・校具・教員等の大幅な不足にもかかわらず、一九四七年四月から新制中学校、四八年には新制高校、四九年には新制大学を、息も継がせず次々発足させた。

別府女学院専門部は、旧学制と新学制の間をぬって、まず、旧制最後の専門学校への昇格をはかり、制度が生まれたばかりの新制大学へただちに飛び移らねばならなかった。

学校設立者には、そのための資金・人事・施設等、多くの難関があったろう。学生の側の難関は、文部省の係官がきて実施する中等学校教員免許状取得のための試験を受けねばならないことであった。これは個々の学生の学力が問われるだけでなく、学校への評価・格付けにかかわるものであったから、事は重大であった。

当時、中等学校教員免許状取得者は少数のエリートで、免許状取得のための試験も高度なものであった。それに対して、在学中の学生たちは、戦争によって勉強の機会をもっともひどく奪われた世代の者で、その取り返しのための努力を始めたばかりであったから、そのような試験は困惑と恐怖を伴うものであった。

当時社会科で学んでいた丸山幸子は、ストライキをやってでも受験を阻止しようと、学友と真剣に話し合ったことや、結局学校側の説得によって受験することになり、猛勉強したことや、試験問題がやはり難しかったことなど、今も忘れ難い記憶として残っているという。しかし、とにかく、彼女たちの懸命な努力によって、重要な関門の一つは突破できたのである。

この時期、一九四七年に九州管内に次の女子専門学校が誕生した。

福　岡　県　＊福岡県立女子専門学校・西南女学院専門学校・鎮西女子専門学校・筑紫女子専門学校
長　崎　県　長崎県立女子専門学校・＊活水女子専門学校・純心女子専門学校・九州女子専門

学校

熊本県　熊本県立女子専門学校

大分県　別府女子専門学校

鹿児島県　鹿児島県立女子専門学校

（＊は既設の学校）

この時期の女学校卒業生で、高等・専門教育を受けたいと考えた者が求めていたのは知識であり、学問であった。戦中以上に食料不足はひどくなっているなかで、彼女たちも肉体的飢餓はまぬかれなかったが、それ以上に知的飢餓状態にあった。

この年の三月高等女学校を卒業したのは一九四二年に入学した生徒たちで、順当に入学していれば一九二九年生まれである。この年生まれ（筆者もその一人なのだが）は、三歳のときに満州事変が始まって以来、戦争につきまとわれ、一〇代半ば過ぎまで戦時を日常として生きさせられた年代である。

女学校入学が太平洋戦争の戦況が不利になり始めた時期であったから、農村の人手不足を補うために「勤労奉仕」に狩り出されたり、救急看護の実習で町の医者に三角巾や担架の使い方を習った。防空訓練もある。モールスや手旗信号を覚えさせられ、戦闘のための匍匐前進《ほふくぜんしん》の訓練や夜間行軍もさせられた。軍の補助とされた沖縄の女学生の運命は、全国にわたる女学生の運命につながっていたのである。そして最後が学徒勤労動員令である。英語の授業などは早くになくなっていたが、それからは全部の授業がなくなって、各種の工場で働かされたのである。

敗戦を知ったのは動員先の工場であった。

言うまでもなく、これは一九二九年生まれだけの受難ではない。しかし、二九年生まれは、勉強すべき時期をもっともひどく奪われた年代である。同年生まれで自らの年代を「史上最低の学力集団」と評する人がいるが、ずばり言い得ている。それでも一九四六年の卒業期を前に、政府は中学校に対しては戦争中の修業年限短縮を改め、五年制を復活させたから、同年代でも中学生には少なくとも一年間は学力回復のための時間が与えられた。しかし、女学生に対してはそうした手立てはなされなかった。女学生は「最低学力」のまま卒業するしかなかったのである。

この時期、県下に別府女学院専門部と大平学園女子専門部という二つの、実学から遠い学校が設立されたことは、無知からの脱却を志しながらも、その手立てさえ見つけられず、もだえていた者たちに知的解放の道を開く機会を与えることになった。大都市の学校に進学しようにも、戦火を経てどこにどのような学校が残っているのかの情報もさだかでなかった時期である。そのうえ、大都市への転入は禁止されていたから、この時期に二つの学校が開設された意味は大きい。

この学校に集まったのは、この年三月に県下の高女を卒業したものばかりではない。東京の専門学校（旧制）で学んでいて、戦争の激化で帰郷したままの者、工場動員中女学校を卒業、そのまま女子挺身隊に組み込まれ進学の機会をもたなかった者等、多様な年長者が多かった。県下ばかりではなく、別府女学院には宮崎・鹿児島・福岡等、大平学園には福岡・宮崎・熊本等からやってきた。大都市からの疎開者、「外地」からの引揚者もいた。

別府女学院で英語を教えた佐瀬順夫（当時　大分経済専門学校教授）は、後年、当時を次のように回想している。

高崎山、別府湾を見はるかす丘の上の学校は、木造一棟、そこに集った人びとが学長を中心に学問の道を拓いて行くのであるが、開学浅かった頃の学生は、戦争中学徒動員があり、加えて英語は敵性国語としてうとんぜられ、ろくに勉強していなかった人たちであったが、それだけ熱の入れようははげしかった。文化祭の英語劇にはシェイクスピアのむずかしいせりふをよくこなすようにまでなった。やろうと思えば出来るものである。

2　別府大学の誕生
――女たちの進出

別府女子大学は文学部だけの単科大学である。英文学専攻・国文学専攻に分かれていた。川島が赴任した一九五一（昭和二六）年当時、一一名の教授、二名の助教授、五名の専任講師、一一名の兼任講師がこの小さな大学の教育と研究を担っていたが、全員男性であった。もっともこれは全国的な状態で、『文部省第七十八年報　昭和二十五年度』によれば、発足間もない一九五〇年当時の新制大学での女性教員は全国で九八名しかいない。その内訳は国立一一名、公立五名、私立八二名である。国・公立はほんのわずか、断然私立に集中している。それにしても公・私全体として九八名である。私立だけで数えれば八二名しかいない。

同じ県内の国立大分大学は、一九四九年に開学、県下で初めて女性大学教員を誕生させるという歴史的役割を担ったのだが、その実態は学芸学部に二名の体育担当講師、四名の家政科講師が任用されたというものであった。

新制大学発足から一三年後の一九六二年刊『全国教授連合会九州支部　会員名簿』によると、この時にいたっても、九州全域の一八大学に女性教授は一人、助教授五名でしかない（ただし、大学在籍の教授・助教授が全員この会に入会しているわけではないようで正確ではない）。その唯一人の女性教授が川島であった。女性に大学の門が本格的に開かれたのは敗戦後の教育改革以後であったからだ。敗戦直後の時期に大学教員になることのできる人材など女性のなかに育っているはずはないのである。

明治以来、男女別学を基本としてきたこの国で、一般に女性が大学教育を受けられるようになったのは、敗戦になって教育制度が大改革されて以後のことである。それまで国は女性を研究者・大学教員として養成しようとはしていなかったから、敗戦直後の新制大学に必要な人材がいなかったのは当然であった。

それでも、大正期になると、止み難い学問研究への志を抱く女性たちが生まれてき、一方、例外的に女性に門戸を開く大学も出てきた。

悪条件を食い破って状況を開きつつあった女性の一群は、医学・自然科学をめざす女性たちである。一九一三（大正二）年東北理科大学（東北帝国大学理学部）が、女性の受験を許可し、黒田チカ（化学科）・牧田らく（数学科）・丹下ウメ（化学科）が合格。初めての帝国大学の学生となった。黒田・牧田は東京女子高等師範学校出身、同校助教授、丹下ウメは日本女子大学校出身、同大学の助教授であった。日本の女性に対して研究者への道が拓かれ始めた画期的出来事であった。また、民俗学の柳田國男へ師事した瀬川清子や江馬三枝子等がいる。彼女らは久しく学問とみなされることのなかった庶民の日常を明らかにし、国家、アカデミズムの捉えられなかった女性像を提起した。

敗戦後の教育制度の激変によって、在野の女性による新制大学教員への道が開かれ、民俗学の瀬川清子（大妻女子大学）も教授になった。

さらに女子学生を聴講生として受け入れた早稲田大学に学んで、女性による初めての経済史研究として学会に高く評された『日本綿業発達史』を書いた三瓶孝子や、津田英語塾（津田塾大学）を卒業後、二度にわたりアメリカ留学をし、プリンストン大学で社会学博士となった鶴見和子などが挙げられるだろう。

いま一群は在野の研究者になった女性たちである。アカデミズムから排除されていた女性たちのなかで、少数だが民間学で力を発揮した人たちがいる。その代表格である高群逸枝は独学で女性史研究を始め、『母系制の研究』『招婿婚の研究』等の大著を書き、夫系制を日本固有のあり方とする政界やそれを受け入れた学界に異議申し立てをした。

川島もこれらの人々とともに、女性でも長期にわたる学問研究に耐ええることを証明した在野の俳諧研究者の一人であった。一九四九年、大学昇格を図る別府女子大学当局の要請で、「大学教員資格審査」を受けるための業績をまとめて提出した。高等女学校卒の彼女にあるのは業績だけであった。彼女は大学の教員になりたいとは思わなかったが、自分の研究がどう評価されるかには深い関心があった。

3　真理はわれらを自由にする
――佐藤義詮と建学の精神

敗戦の翌年五月（一九四六年）「真理はわれらを自由にする」（veritas liberat）のフレーズを高く掲げて、別府女学院（別府大学の前身）は開学した。

女子教育は良妻賢母を育てること、と考えるきわめて保守的であった大分県のなかに、敗戦によって「真理はわれらを自由にする」旗を掲げて、初めて「文学を中心として」女性のための専門教育機関が誕生した。しかもそれは、占領軍の指導や県とか市とかの力によるものではなく、創立者 佐藤義詮という個人の思想や努力によってなされたものである。

佐藤義詮は、大分県が生んだ「大正デモクラット」の一人である。大正期、大分市のキムラ画廊を拠点として、近代文化の種を播《ま》いた山下鉄之助（旧制大分中学校美術教師）の影響を受け、その後、自由と学芸尊重、男女平等の思想にもとづいて設立された西村伊作の「文化学院」に学んだ。

彼は戦前戦中を通して、日本人が「自由」を喪失していることを反省し、真に自由に考えることのできる人間育成の場としての学校を創ろうとしていた。それがさまざまな困難に立ち向かわせようとする原動力であった。

学問を実学・実業と結びつけるのを良とし、常ともするこの県の、あるいはこの国の風土のなかで、この建学の精神は画期的で強烈である。この旗が十五年も続いた戦争が敗戦に終わって、まだ一年も経たない時期に掲げられた。皆が衣・食・住に困窮し、生物的に生きることに精一杯の時期にである。

佐藤義詮の若いころからの友人で、戦前、戦後パリで活躍した画家 佐藤敬は、彼の学校づくりに協力、学校用地の下見などにも同行した。佐藤敬の著作「古希青春を祈る」によると、次のように回想している。

> 或る時は鶴見園（戦後の子供遊園地、学校予定地＝筆者注）の跡を訪ね、放棄された劇場の舞台裏に立って、みじめな思に絶望したり、現大学の地に満鉄社員引上《ママ》寮（正しくは華北交通療養所で、佐藤の記憶違いであろう＝筆者注）があって、この裏淋しい引上《ママ》者達の家族を見ていると、これに一方ならぬ困難を感じて、もう逃げだしたくなる思いを持った。

学校づくりは巨額の資金を必要とする。そのため佐藤義詮に重くのしかかる苦労を友人佐藤敬は「息がつまるような思い」でみていた日々があるという。若いころからの友人でもある彼は、戦中戦後パリで活躍していたが、当時帰国していて義詮の学校づくりに協力していた。学校用地の下見などに同行しながら、そのたびに彼に重くのしかかっている苦労を、「息がつまるような思い」（佐藤敬「古希青春を祈る」『古稀記念論集』）で見ていた。

困難は多かったが、佐藤義詮の学校づくりの思いは固かった。彼は戦前・戦中を通して日本人が「自由」を喪失していたことを反省し、「真に自由に考えることの出来る人間の育成」の場としての学校を創ろうとしていた。それが彼をあえて困難に立ち向かわせた原動力であった。

学校づくりに苦闘する彼の姿は、「戦災と廃墟の町」で、「呆然自失の無気力の中にあり」ひたすら「食料・衣料に奔走している」人々の間にあって、まことにすがすがしかったと佐藤敬は書き残している。

また、佐藤義詮は『希臘《ギリシャ》古代詩序説』（第三書院　一九三六年刊）の著作をもつギリシャ古代詩の研究者であり、竹友藻風に私淑する詩人でもあった。

一九三六年、昭和実践女学校（大分市）の校主となり、四二年には財団法人豊州高等女学校を設立し、理事長となった。戦争中は、大政翼賛会文化部の地方組織であった大分県文化協会の常任理事を務めた。

ところで佐藤義詮が、veritas liberat の語句を知ったのは、この戦時ではないかという推測を導き出した調査報告がある。佐藤瑠威（当時　別府大学学長）による「veritas liberat 出典始末記」である。

彼は初代学長が一九四六年五月、別府女学院開設にあたって掲げた建学の精神の出典を追求しているのだが、最終的に『ギリシア・ラテン引用語辞典』（田中英央・落合太郎編著）にこの語句の入っているのを見つけだす。さらに彼は、佐藤義詮蔵書のなかから同辞典の一九四二年版を探し出した。その結果、彼の掲げた建学の精神の出所はこの辞典であろうと推定する。「戦時中この初代学長佐藤義詮氏はこの本をひもといた時、『真理はわれらを自由にす』という語句を目にして強い印象を受けたのではなかろうか」と想像する。

敗戦間際の一九四三年四月に、出身校文化学院の創設者・校主 西村伊作が不敬罪で検挙され、同学院は強制閉鎖された。この事実を前に、彼は「真理はわれらを自由にする」に対する思いを強くし、掲げたのではなかろうか。佐藤義詮の戦後の情熱的学校づくりを、そういった批判のうえに立脚し、軍国化するなかにあっても「文化学院」の自由教育に見いだし、蓄積された真理や自由への渇望に源があったといえるだろう。

別府大学の建学の精神は、戦争という巨大な暴力が荒れ狂うなかで、佐藤義詮がひそかにはぐくんでいた決意の叫びであると確信する。

「veritas liberat」は正確には「真理は自由にする」の意で、今日、別府大学の正門入り口正面に掲げられている。

余談だが「国立国会図書館」の設立の精神もこの言葉である。

一〇　新天地別府へ

1　別府への旅立ち

川島つゆの別府への旅立ちは、埼玉県熊谷市石原町からであった。敗戦の年の三月、B29による猛爆後、代々木富ヶ谷の家を失い、玉川河畔の幼なじみの家で敗戦を迎え、さらに熊谷に移り住んでいたのである。

彼女の故郷埼玉県行田市は、足袋《たび》の産地として知られているところで、川島の父の家、川嶋商店（のちに川嶋合資会社となる）は町の大手足袋製造会社であったが、このときすでに店はなく、土地に縁故者も残っていなかった。

わずかに、早世した長兄の妻だった人が再婚している長島家（糸店）につながりをもっていた。奇妙な縁だが、長島家の先妻の長女で、亡母の代わりに家を取り仕切っていた歌子とつゆは、早くから姉妹のように親しかった。年齢も近く気心も合っていたのである。歌子は身内の少ないつゆのために、親戚代表として彼女の出版記念会に出席してくれたり、沼田頼輔との結婚にあたっての、相談役的役割を果たしてくれていた。

九州への旅立ちにも、歌子が店をあげてつゆの教授就任と、送別の宴を兼ねて催してくれた。そのうえ、記念品として上質の通勤カバンを贈られた。つゆはこうして皆に送り出されると、もうめったなことでは引き返せないという思いで緊張した。このときつゆ五九歳。

東京に出た川島つゆは、世田谷、八幡山の石川三四郎家に向かった。ここでも石川の養女 永子が心をこめて別れの宴を用意してくれていた。その席で、川島は、石川に「大学を出ていない者が大学で教えてよいものだろうか」と、かねがね心にわだかまっていた思いを漏らした。すると石川はすぐに「大学なんど出ていないところに川島つゆの魅力があるんです。あなたの仕事のおもしろさはそこから来ているんです」と、事もなげに言いのけた。川島は石川に、夏と冬の休暇の帰省先をこの家にさせてほしいと頼み、受け入れられた。

彼女は「勤め人」の給料が、休暇中にも支給されるものだということを、このときまだ知らなかった。だから休暇の間は東京に帰って「売文者」として、暮らしを立てねばなるまいと決意していたのである。

東京を発っても彼女はまだ真っ直ぐ九州へは向かわなかった。京都で降りて、夫 沼田頼輔の長男 沼田大学家を訪ね、別府行きを報告した。つゆの初めてにして、最後の沼田家訪問であった。大学の長男 沼田真弓の妻 富子には、その日のつゆの固い表情が後年まで忘れ難く心に残った。彼女によれば大学は、父 頼輔とつゆの結婚に動揺する家族のなかで、唯一人冷静にこの結婚を認め、むしろ川島に感謝していた人であったらしい。彼は当時京都大学教授であった。

さらに川島は、本州の終着駅下関で下車。下関市光洋町にある梅光女学院（現 梅光学院大学）に、院長　広津信二郎を訪ねた。広津とは昭和初年代、彼が花光姓の、早稲田大学学生であったころ、松原地蔵尊を中心とする新興俳句運動をめざす『境地』・『句と評論』の仲間であった。芥川龍之介の自殺したころで、境地社の仲間で二回にわたる芥川作品の輪講をやったこともある。同人誌『境地』の発行名義人になっていた森本春日（のち松本姓）と同じ大学の国文科の学生で、当時二人とも卒論に取り組んでいた。

広津はフランス語をアテネ・フランセと東京外語で学んだ人であった。山田吉彦（きだみのる）のファーブル『昆虫記』の下訳を受け持ったという実力派で、石川三四郎のエリゼ・リクリュ『地人論』の訳にも加勢した。川島とは、アテネ・フランセの学友でもあった。広津と東京での共通の思い出を多くもつつゆは、広津家へ一泊。翌日ようやく九州に入った。

大分には松本義一（旧姓　森本、俳号春日鳩里）が待っていた。別府女子大学へ彼女を招いたのは松本であった。しかし、彼は川島が骨の髄まで東京・大川端の人であり、在野の研究者であり、別府に来ること、大学の教員になることを決して喜んでいないことを深く理解している人であった。同時に彼女の別府女子大学赴任をもっとも喜んで待っていた人でもあった。

2　歓迎の短歌会

川島は、赴任直後に開かれた別府女子大学歓迎短歌会に「売文と人もこそいへ」を出した。学生会員であった筆者もそこに出席していたのだが、筆者をはじめ、ほとんどの学生が「売文」という言葉を知らなかった。まして、その実態について知っている者は誰もいない様子だった。当時の別府―大分県は売文業など存在する余地のない、第一次産業の世界であった。それに筆者をはじめ、この時期の学生は、戦争のなかで育って大人の入り口まできた者たちで、読書によって知らない世界のことを知識として獲得するということも少なかった。もちろん堺利彦の「売文社」のことなど、筆者はまったく知らなかった。

在野の研究者で、俳人・随筆・子供読物の書き手であった川島は、自らを「売文の徒」と称した。そこには自らをおとしめながら、誇っている江戸町人風の生きざまがあった。しかし、それが筆者にすぐ理解できたのではない。学生だった筆者が、川島の、この「売文の徒」の自嘲の姿をとる誇りにどうやら気がついたのは、もう中年にいたろうとする時期であった。川島がこの第一次産業社会とそこに生きる人間、さしあたり彼女の指導を受けることになった筆者たち女子学生を理解するのはもっと大変なことであったろう。

3　あの日
――川島先生の初講義

教室は私一人であった。別府湾をはるかに見渡す丘の上の旧華北交通療養所を使って新設されたばかりの小さな女子大の教室である。正式にはまだ一、二年次生しかいなくて、この日の国文学特殊研究という課目は、三年次に編入した私たち三、四人のために用意されたものらしかった。しかし、なぜか、この日、この講義を受けることになっていた編入生は、私以外誰も出てこなかった。

ベルが鳴ると同時に、和服姿のすらりとした華奢な身ごなしの初老と見える婦人が入ってきた。

黒ではない、しかしそれに近い深い紺の和服をまことに自在に着こなし、ねずみ色と黒の染め分けの帯がよく似合う。夜会巻きを簡略にしたとでもいうような髪型、広い額、眼鏡をかけた高い鼻、知的風貌の、美しい人である。この人が川島つゆ先生であった。

先生は私一人の教室にちょっと驚かれた様子だったが、そのことにはまったく触れられないで、開口一番、私は先日東京からきたばかりである。本来は著述を仕事としている者で、したがって学校風、教師風の講義はできないことを先にお断りするという意味のことをおっしゃった。率直で、切れ味のよい言葉である。このとき、私は生まれて初めて、生の東京弁を直《じか》に聞いた。そして著述家を名乗る人に出会ったはじめであった。その人が学校や教師になじむまいとしているらしいことを不思議に感じた。

先生は続けて「私は俳諧・俳人に関する研究をしている者である」と自己紹介され、とくに江戸後期の小林一茶を中心としていると付け加えられた。そして今日は明治以後、日本敗戦までの一茶研究がどのようなものであったかを話すつもりである。そのなかで自分の研究についても触れたいともおっしゃった。

私は驚いた。私は研究者とか著述家という人々をまったく知らない。もちろん身辺にはいない。戦争中在学した女学校の先生方、敗戦直後入学した教員養成学校の先生方は、私の知る限りの高学歴の知識人であったが、もっぱら教える人で、研究者ではなく、著述家でもなかったように思う。

ところが目の前で話をされている先生はご自分が研究者であり、著述家であると名乗られた。私のまったく知らない世界の人である。もし私が研究者や著述家という人々のことを少しでも知っていたら、どんな研究をしている人か、どのような本を書いている人か、どのような考え方の人か等々を教室へ出る前に調べる才覚も働いただろう。そういう人々とまったく無縁な世界に過ごしてきた私は、ただ体を教室に運んだだけであった。私はめくるめく思いのなかにいた。

ひどく慌《あわ》ててもいた。先生の講義されるという小林一茶について、私の知っていることと言えば、彼が江戸時代末期の信濃出身の俳人ということと、彼の作といわれている一、二句だけなのである。知識といえるほどのものではない。これでこれから始まる先生の講義に堪えられるだろうか。私は不安と緊張で固くなった。

講義は現代の俳諧史の書かれ方についての検討から始まった。現在書かれている俳諧史では元禄期を芭蕉、天明期を蕪村、文化・文政期を一茶によって代表させているのが一般だが、これは古くからの考え方ではなく、大正末、昭和初期ころからだといわれ、もしあの世の一茶が芭蕉様と並立させせられているのを知ることができたら、どんなにか驚くことでしょうと笑いながらおっしゃった。

先生の説明によると、一茶の生きた文化・文政期の俳壇は、江戸では三大家といわれた成《せい》美《び》・道彦・巣兆《そうちょう》、地方では奥羽の乙二《おつに》、尾張の士朗、大阪の升六《しょうろく》、伊予の樗堂《ちょどう》等々がそれぞれ門戸を張っていた。そのなかで一茶は地方まわりの業俳（職業俳人）である。各地の俳人と交流して俳諧作家としての力量を高めるためなのだが、同時に地方俳人の作句の相手をして、いくばくかの草鞋銭を稼ぐのが俳諧師であったらしい。

彼は江戸三大家の一人とされる成美をパトロンとし、今日の食に事欠くときは一里もある成美の邸まで出かけて朝食にありつくこともしばしばであったそうだ。

成美は夏目成美。本名 井筒屋八郎右衛門、浅草蔵前の札差井筒屋の主人である。彼は豊かな学識をもち、俳諧を売り物にする必要のない経済力があったので、どの流派にも属さず、自由な立場に立っていたという。

一茶とは久しい交遊があり、一茶の作品のなかに成美の影響をみることができるそうだが、物質的庇護を受けることで使用人なみの扱いを受けることもあったらしい。

先生は成美が隅田川の紅葉見物に出かけ、一茶が留守をあずかっていたときに起こった金子紛失事件について、文化七（一八一〇）年一二月二日から八日までの一茶の日記を引いて話してくださった。金子紛失のわかった三日の日記には「終日大ニ捜ス我モ彼党ニタグエラレテ不許他出」

とある。「彼党」は使用人たちのこと。これは成美を俳人仲間と思っていた一茶には意外のことだったらしい。七日には成美主催の恒例の句会があった。一茶は常連なのだが、成美は一茶を禁足にしたまま一人で出かけたと、日記に記されている。

先生は、どう考えても成美は一茶を使用人以上には遇していないとおっしゃる。そして、このとき、一飯を恵んでもらう者のつらさが身に沁みたろうとしみじみと言われた。

ところで、現代の俳諧史では小林一茶が文化・文政期の俳諧を代表するものとなっているが、その当時に立ち返ってみると、このように哀れなものであったと説明される先生は、さらに今、私たちが俳諧の神様のように崇めている芭蕉様だって、決して元禄俳壇を独占していたわけではなく、俳諧史や文学史が前時代のもの、過去のものと片づける貞門・談林の流れを汲む流派が、なかなか勢力を振るっていたのだと言われる。蕪村・一茶は在世中は、ぐっとぐっと小さな存在であったらしいのである。

私は先生の講義をすらすらと理解でき、記録してゆけたのではない。人名も事柄も知らないことが多い。やむを得ず仮名で速記していった。他日、何日もかけて人名や事実を調べ、そのノートを作った。

「あの日」は私の無知を嫌というほど知らされた日であった。そして、研究というものの面白さを少しばかり知った日でもあった。

このように学問を物事を根本から問い直し、教壇で講義される先生の姿は、その後の私の理想の教師・研究者像として今でも光り輝いている。

4　母の墓

一九五六（昭和三一）年、たなばた祭のころ、つゆは母の年忌法要を埼玉県行田市で催した。行田はかつて父 川嶋與一郎が町役人であった町であり、川嶋家の経営する足袋製造業川嶋商店が合資会社へ発展していったところでもあった。しかし、つゆが訪ねた一九五六年には、行田市忍の清善寺の隣接地に名残をとどめているばかりであった。

ここは母の生地でもあったが、後年、母がここに住むことはほとんどなかったようである。つゆにとっても「生ひ立たぬふるさと」で、なじみは薄かった。少年のころからM物産に勤めた長兄が二〇歳になったのを機に一家を立てたために、つゆは母に背負われて上京、母と、父代わりの長兄の庇護のもとに育てられたのである。上京時にはまだ二歳にもなっていなかった。

それから六四年後、つゆは母の年忌法要を営むため、はるばるの地、九州・別府から出向いた。新設された女子大学に一九五一年に赴任、以来別府に住んでいたのである。

「生ひ立たぬふるさと」でも、やはりふるさとであった。行田には長兄 徳之助の妻だった人が、夫没後に、後妻として入った長島家（糸店）がある。その家の先妻の娘歌子は、生涯独身で家を取りしきった人だが、つゆとは年齢も近く、気心も合って、早くから親しくしており、血縁者の少ないつゆのために強力な後楯となっていた。

彼女は『詩歌句集玫瑰《はまなす》』出版記念会に出席してくれたり、敗戦後、つゆが別府女子大学に赴任するときも、店を挙げて祝賀と送別の宴を催してくれた。その後も、年一度は必ずつゆを訪ねて来別、つゆとともに大分県下、九州各地を旅するのを楽しんでいた。つゆが時折、東京へ帰省するときの宿泊先も世田谷の石川三四郎家とともに、彼女の長島家となっていた。

別府から帰っての、母の年忌法要も、恐らく歌子の助成によって催されたものであったろう。母の年忌法要にあたって、つゆが作った短歌のなかに次の一首がある。

わが後は無縁とならん母の墓
　かなしと見つつ下草むしる（注1）

父 川嶋與一郎の眠る川嶋家の墓、長兄 川嶋徳之助の墓、次兄 川嶋福之助の墓は、行田市忍の清善寺にある。しかし、川嶋姓を名のる息子・娘三人のために生涯尽くした母 黒淵与しの墓はそこにはない。つゆが「わが後は無縁とならん」と悲しみながら下草をむしった墓がどこにあるのか、筆者も知らない。

一九七二年七月二四日、川島つゆ没。長島歌子は別府での葬儀・追悼会に参列するとともに分骨を持ちかえり、長島家主催の追悼会を改めて催し、分骨を川島の次兄 福之助の墓に収めた。

注1 「石蕗日和」『歌集 磯』別府大学短歌会 一九五七年刊

5　大川端と別府

東京・大川端育ちの川島は、別府女子大学赴任以来、第一次産業県大分の土地柄に永くなじめなかった。彼女は

馴れた環境以外に、ほんとうに心身の均衡を保ち得る場所はない筈である。我々は田舎といふ淡水の中に終に住み得なくなった魚なのだ。

（『月明』第四巻第十一号　一九四一年十一月刊）

という考えをもち、馴れ育った都会の孤独・静寂を愛する人であった。

定員を超過せぬ省線電車の中で、各々が各々を守つて、それ〴〵の物思ひに耽つてゐる様など、都会の孤独とでも云はうか、実に落着いた姿であると思ふ。秋深くなれば、建込んでゐる小住宅の台所の隅々にまで可憐なこほろぎが啼いてくれる。これは田舎で聞く虫時雨よりも一層しみ〴〵とした季感を深めさせられるのである。

（『月明』同前）

この都会観は激しかった太平洋戦争を経験しても、根本的には変わらなかった。

川島が別府に住むようになった昭和二〇年代後半ころまでは、別府といっても、都市的姿をしていたのは大阪商船などの出入りする別府港あたり、それに続く北浜のホテル街、別府駅前くらいのもので、周辺部は純農漁村であった。周辺農村部の人々は北浜のあたりに出かけるのを「お町に行く」といったものだ。

別府女子大学が開設された北石垣の元の華北交通療養所、川島の借りた春木川のほとりの家も、そうした農村部にあった。

労働を中心としたそのころの農村では、「散歩」などは生活習慣のなかになかった。人々は日の出から日の落ちるまで働いたのである。川島が書きものに疲れて、春木川のほとりを散策する姿を、野で働いている人々が見とがめて「あん人《し》はブラブラ病じゃろう」と噂し合った。それが老家主を通して川島の耳に入る。

あるときは川堤で摘んできた「ツクシ」だの「なずな」などを楽しみながら料理しようとしているところへ、老家主が自分の畑から抜いてきた大根を持ってきて、「そんな野草《のぐさ》なんど拾う来ち、どうなるこっか、そりょううっせち（捨てて）、この大根をお食べ……」と迫った。川島にも野草については、戦中の野菜不足を補うために、代々木練兵場の堤に生えているのを外側から摘んだわびしい思い出がある。

しかし、一つまみの「つくし」や「なずな」はやはり懐かしい。だが、ここではその気持ちは通用しなかった。相手の善意がわかるだけに、その食い違いはやり場のないものであった。こうした一つひとつに川島は深く傷ついた。

6 転機
――川島ゼミの面々

昭和三〇年代半ば、川島に東京の某女子大学から就任の要請があった。宿舎も用意するという、願ってもない好条件を示されて、一日も早く東京へ帰ることに望みをかけた。しかし、今にも実現しそうに見えた段階までいきながら、結局果たせなかった。期待が大きかっただけに、彼女は、かなり長い期間落ち込んでしまった。

ちょうどその時期に一つの転機が訪れた。川島ゼミの学生たちから、

近所の安旅館を使って、泊まり込みで「自らの今日までを振り返ってみる会」を開きたいと考えています。つきましては研究室の先生方にも、ぜひご参加をお願いします。
なお、食事は私どもが旅館の台所を借りて用意いたしますので、ご期待ください。

という思いがけない案内状をもらったのだ。折からの安保反対運動の熱気が、ここでも教員と学生の間をゆるやかにつないでいたのである。

しかし、東京転出希望がつぶれた時期だった川島は、乗り気がせず、参加する気はなかった。

しかし、若い助手だった筆者などが、「あのメンバーの企画ならきっと面白いものに違いないと思います」とか、「あの旅館から望む別府湾は格別です」とか、いろいろと申し上げて、先生の心を動かそうと努めた結果「しょうがないわネ、じゃあまあ出席してやりますか」ということになった。もちろん筆者も先生のお供として出席した。

この会を企画したのは岩崎洋走・吉兼賢治・椎葉寅生・山口雄二等であった。開会の挨拶もそこそこに、彼らは今までの自分のたどってきた道を、さまざまな形で語り、演じていた。

岩崎は、鹿児島と熊本県境の沖にある長島の出身。船による運送業を営む家の息子で、名前を「洋走《ひろと》」と名付けられたときから、家業を継ぐべき者と運命づけられたのである。しかし、彼はこの運命を中学から高校へかけての時期ごろから、受け入れることができなくなっていき、高校受験時には親との厳しい対立を経験したらしい。

結局高校は親の希望通り、島に在る農業高校に入学したが、家業は継がず、卒業後は母校の事務職員となった。その後、八年間勤めて学資を貯め、親の力をまったく借りずに自力で大学にたどり着いたのだという。

吉兼賢治は、中国からの引揚者の息子だが、引揚後、両親が離婚したために、山口県光市の叔父の家で育った。まったく偶然だが、岩崎と同じ一九三三（昭和八）年生まれ。高校卒業後八年間働き（T製薬従業員）、学資を貯めて独力で大学にたどり着いたのも岩崎と同じであった（このとき二人は二〇代後半であった）。

椎葉寅生は、両親とも宮崎県椎葉村の出身。筑豊の炭鉱で働く一家で、彼の母は夫のアトヤマとして坑内で働いた人だという。父はすでに亡く、兄たちが家の柱となって働いているが、いずれも炭労の活動家である。

山口雄二は、大分県南佐伯市出身。岩崎・吉兼が高校卒業後八年間も働いて大学にたどり着いたのに対して、彼はストレートに入学した。

安保闘争の時期で、父親は彼が政治活動に走ることを何よりも恐れ、県内の大学に限って進学を認めたという。父親の許した「県内の大学」というのは「国立大分大学」を指していることを知りながら、「県内の大学」を言質に、わざわざ別府大学へ入学したという。彼は「別府大学は間違いなく県内の大学であります」と鼻をうごめかして報告した。愉快なへそ曲がりらしい。

愉快といえば皆愉快な青年である。それも悲しみを笑いで表現できる知的な若者たちである。

椎葉は高校進学にあたって、母親から「兄ちゃんたちが中卒で働いているのに、お前だけを高校にやるわけにはいかん」と厳しく言われ、高校進学を許されなかった。しかし、母はそれでもせがむ息子を見かねて、親しい寺の住職に折り入って頼み込み、彼を寺の小僧にしてもらって、寺から高校にやってもらえるよう取り計らった。

息子はしかし、二、三日で逃げ帰ってきた。そして、母にアルバイトをいっぱいするから、家から高校にやってくれと懇願に懇願をした。その結果、とにかく入学させてもらえたのだという。高校に入って演劇部で活躍したという彼は、寺から逃げ帰ってきたときの自らのあわれな姿、母にすがりついて高校入学の許しを乞う場面を、真に迫って演じてみせた。

椎葉は後年（一九七七年九月二七日）、米軍ファントムジェット偵察機が横浜市緑区の民家に墜落した事件で、妻が重傷を負った。このことから妻、椎葉、子供二人の家族全員で米兵を訴えて勝訴。「安保に風穴を開けた」と評された人物である。

岩崎は語りがうまい。彼は高校卒業後八年間、母校の農業高校で学校事務の仕事をしたそうだが、宿直の夜のおかずに、昼間生徒が農業実習で豚の餌として取り除いている野菜の一部を「豚丼に少しばかりいただきに行く」話など、涙の出るほどおかしく、気がつくと、彼の経てきた道の厳しさがじんわりと心に沁みてくるのであった。

こういう才能は彼独自のものか、彼の育った長島のなかにあった伝統を引き継いだものかわからないが、何とも魅力的口調である。

川島は椎葉の演技や岩崎の語りの間、何度も眼鏡をとって目をふいていた。そして会の終わりに「とてもよい会でした」と一言だけ挨拶をした。

川島は若いころ、東京帝国大学・早稲田大学・法政大学等の学生とともに、俳諧史や俳人研究を「輪講」で長期にわたってやってきた経験がある。そのなかには地方出身者も少なからずいた。そのときは彼らがどんな家の息子かなど考えもしなかったが、彼らが大地主とか素封家とかいわれる家の息子だったのだということを、今、目の前にいる学生の話を聞きながら改めて理解した。同時に八年もかけて、自力で学資を作って入学してきた行動的で楽天的な青年たちに応える教育・研究の場を自分たちは作る努力をしているのかと自らに問わずにはおれなかった。それはやがて国語国文学会を作ろうと思い立った川島の精神的基盤となった。

川島ゼミのメンバーが、川島を中心になって作ることになる「別大国語国文学会」の働き手となった。当時まだ大学院があるわけでなく、英文・国文の二学科だけのまことに貧弱な大学のなかでのことであったが、彼らは研究会を作り、それを深め、広める運動を担った。会場設営から研究報告書の作成・研究会誌に研究論文を書き、発表するまでかかわることになった。彼等は川島が別府で育てた最良の息子たちであった。川島もう過去の回想にふける単なる大川端礼賛者ではなかった。

川島を力づけたのは学生たちだけではなかった。

川島のなかで学会設立がまだ確とした考えになっていなかったころ、北九州大学で第九回西日本国語国文学会が開かれた。そこで九州大学の中村幸彦教授の講演「地方文化研究の提唱」を聞いて、これは今から作ろうとする学会の問題を考えるうえでの大きな力となり得ると思いついた。その考えを深めるために中村教授に別府大学での講演を頼みたいと考えた。

学会を作り始めた年の秋、福岡県太宰府市で俳文学会が開かれた。その席で中村教授に会った川島は、このときとばかり直接講演を依頼した。すると中村教授は、一週間後なら引き受けようと言われ、突然実現することになった。まったく予想外の日程で、実務担当者であった筆者らは大いにあわてたが、例の川島ゼミの全面協力で開催を可能にした。

中村教授の「近世的表現」と題する講演は鮮烈で、私たちの目を開かせてくれるものであった。実務に疲れていた学生たちの喜びもひとしお深かった。

7　国語国文学会の発足

一九六一（昭和三六）年二月、別府大学国語国文学会が誕生した。

前年は日米安全保障条約改定の年であった。労働団体・各大学・市民団体等の反対運動が全国的に燃え広がり、社会全体が騒然となっていた。無風地帯とみえた別府大学もまた例外ではなかった。

そして何の関係のない、この小さな国語国文学会も、その熱っぽい時代の空気のなかで生み出された産物であった。

大学は本来、学問・研究を命とする。別府大学は「真理はわれらを自由にする」のフレーズを掲げて創設された学校だが、敗戦後にわかに作られた大学の一つであるために、一九六〇年当時でも、研究機関としては「別府大学学会」だけしかなかった。それが年一回『別府大学紀要』を刊行し、会員の一年間の研究業績が発表されていた。

もちろん、教員はそれぞれの専門にかかわる全国学会や、地域の大学間で作られている学会に参加していたが、学内での学会活動は紀要刊行以外、行われていなかった。

そのほかに助講会（助手・講師の会）が月一回開かれ、それぞれの専門分野で、現在問題になっている事柄等について報告し合う等は行われていたが、各専門分野別の研究会や機関誌などについては、まだまったく考えられていなかった。まして、学生を交えての研究会とか学会を作る構想などさらになかった。

こういう状態のなかに、教員・学生を平等な会員（会費だけには差があった）とし、国文学科主任教授 川島つゆを中心とし、学外の同好の士の参加も呼びかけ、地域文化創造の場づくりを掲げ、「別府大学国語国文学会」を作ったのである。

川島はその前年、岩波書店刊『日本古典文学大系』第五八巻『一茶集』（『蕪村集』暉峻康隆校注と合して『蕪村集・一茶集』となっている）を刊行したばかりであった。当年六八歳、なお元気はつらつとしており、ゼミ講義も活気に満ちていた。

こうした研究活動を短期間に作り出せたのは、大石新教授の力に負うところが大きかった。教授は、『賀茂真淵』（柳原書店　一九四二年刊）の著者。『解釈と鑑賞』の「学会展望」欄に本学会機関誌が初めて取り上げられたのは、同教授の「源氏物語における自然観」であった。高校校長の経歴をおもちで、校長のなかに知人・友人も多く・教員のなかの研究者にも通じていた。その結果、機関誌『別大国語国文』は創刊号から、これらの人々の専門的研究論文が寄せられることになった。

学会活動を地域文化創造の仕事の一環と位置づけたこの学会は、発足にあたって、いち早く同学の士として県下高等学校国語科担任に呼びかけた。しかし、県立高等学校国語科は、すでに独自の研究組織を作っており、機関誌『国語大分』を刊行していた。だが、別府大学国語国文学会設立にあたって、県教育長 山本峯生、佐伯鶴城高校の田村守隆、日出高校の安東薫、宇佐高校の吉武秀、県立ろう学校の深田光の各校長が発起人に名を連ね、東豊高校（現 大分東高校）の加藤義夫教諭が本学会評議員になり、会の運営に直接かかわってくれることになった。

別府大学側も、川島が高校側の研究会に招かれて講演をしたり、『国語大分』に執筆したりして、ゆるい友好関係と研究交流の輪が作られた。

学会設立・機関誌・学会報の発行へと行動し始めたのだが、学内で初めての試みであったので、佐藤義詮学長と川島会長との度重なる話し合いを経て、学校から助成金を得て、会は活発に動き始めた。

以下は、会長川島が機関誌『別大国語国文』創刊号に寄せた巻頭言である。

かどでのことば

大学が発足してから満十一年経た
そのあいだに　育つべきものは育ってきた
私たちは　あせろうとはしなかった　欲ばろうともしなかった
泉が　内から満ちあふれてくるような力で

今度このようなものが持たれた
いわば自然発生的なこの小冊子は　それゆえに健康な花を咲かすであろう
ゆたかなみのりがあるであろう
これは個々のたれのものでもない
ここに集る人々、集ってくる人々みんなのものだ
みんなして健康な花を育てよう　ゆたかなみのりをたのしもう
絶えることとのない水脈のように
われわれの心のつながりと共に　これは　いついつまでもつづいていくことであろう
われわれの窓をのぞいている扇山が　鶴見連峰が
青くなり　ラクダ色になり　白くなり
また青くなり　ラクダ色になり　白くなり
また青くなっていくように

この「小冊子」は「内から満ちあふれてくるような力」、「自然発生的」力によるゆえに「健康な花を咲かすであろう」と期待し、この「小冊子」に集まるみんなで、「ゆたかなみのりをたのしもう」と呼びかけている。これは学問・文化の本来の姿を示すものである。

以下、創刊号の目次を掲げよう。

目　次

8　卒業後の交流

彼らはやがて卒業。中学校や高校の教師等となって各地へ散っていったが、川島との手紙の交流は長く続いた。そのうちのひとつ『ヘラコの記――山口雄二・川島つゆ往復書簡集』が別府大学同窓会から出版されたが、きわめてユニークで好評であった。

彼らは手紙だけではなく、夏・冬の休みには「川島先生」のもとに帰ってきた。そして例の安宿で先生と彼らの後輩たちによる交流会を開いた。それによって「別大国語国文学会」に新しい風が吹き込まれていった。

9　紫匂う

――川島つゆ先生の終焉

一九七二（昭和四七）年七月二四日午後五時ころ、川島つゆ先生は八〇歳のご生涯を、ご自身の手によって閉じられました。

二、三年前から老人性動脈硬化症が進み、そのうえ、右眼緑内障・左眼白内障まで加わっておられたのでした。そのため、旧国立別府病院へしばしば入院され、この時期も四月八日から入院、やや回復された七月二二日に先生のご希望で退院されたのでした。

退院された夜は楽しいものでした。新しい家政婦さんの料理はとびきり心がこもったものでした。大学生の私の姪二人が先生を囲んで座りました。彼女たちは子供のときから先生に『少女クラブ』などをいただいていて、先生の作品の愛読者になっていたのです。

静かな夜でした。先生が家政婦さんの手をしっかり握って、「私はわがまま者ですからよろしく頼みますネ」と語られるのを、私たちはしみじみと聞いておりました。

翌々日二四日の昼食も先生を囲む楽しいものでした。それが終わったころ、学校の同僚が車でやってきて、大分県立図書館に行くなら乗せて行きましょう、と誘ってくれました。

これが事のはじまりでした。私は当時地方女性史の調査をしていて（のちに『ふるさとの女たち』として出版）、暇を見つけては県立図書館へ出かけていたのですが、車を持たないので、友人たちに便乗させてもらうことが多かったのです。

留守中のことは家政婦さんや姪たちに頼み、先生にはしばらく留守をお詫びして出かけました。このときの先生との会話が、まさか今生最後のものとなろうとは思ってもみませんでした。

先生は仕事一途の方でした。お若いころの『一茶俳句新釋』に始まる数々の一茶研究の論文・著書、蕉門に関する大著『芭蕉七部集俳句鑑賞』等々、次々と書き続けてこられた方です。その先生がいまや目がご不自由になられて読む力を失われ、手が震えて書く力も失っていきつつあるのです。どんなに深い哀しみ、歎きをお持ちになっていらっしゃったことか。若い元気な私が友人の車で調査に出かけるのを、どんなお気持ちでご覧になっておられたでしょうか。

先生は友人の車で出かける私を、どんな思いで見送ったのでしょうか。家政婦さんの話では次のようであったといいます。

先生は亡くなられる少し前に、好物の薩摩芋を食べたいとおっしゃいますので、ふかして差し上げました。そうすると「夕食にはカボチャを頼みますネ」とおっしゃいました。その後、私（家政婦さん）の身上話を聞かれたり、「歌を歌って頂戴」とせがまれたりしたそうです。

その日は直前まで、周囲の人に自死するそぶりをまったく見せなかったけれども、先生が心の奥深くに強い決意をもっていたことを考えると、お心は、一瞬にして強烈な悲しみや淋しさとなって噴出するものだったのです。

私はその日に限って珍しい資料が見つかり、そのため帰り着いたのは六時でした。先生はその一時間前に亡くなられていたのです。

私はあの日、出かけてはいけなかったのです。先生のお側にいるべきでした。私のその後の生涯にわたって、繰り返し起こる悔いの念です。

お顔はふだんの厳しさはなく、おだやかで「古庄さん！ 私やっちゃったわよ」といたずらっぽく呼びかけているようでした。

ご遺志により、ごく親しい方による川島先生の密葬をいたしました。当日、棺をかついだのは、先生が別府大学で育てられた最良の息子・教え子たち「川島ゼミ」の面々でした。

七月二七日、先生の友人・知人・卒業生による追悼会を営みました。そして今、先生は由布岳のふもと「別府霊園」で眠られ、私たちを見守っています。

川島先生とその生涯

園田　博
（古庄ゆき子事務所）

私が最初に川島つゆ・古庄ゆき子両先生とお会いさせていただいたのは、一九六五（昭和四〇）年別府大学文学部史学科に入学して二、三カ月過ぎたころに、国文学科のK先輩に連れられ、ご自宅へお邪魔してからでした。当時から川島先生と古庄先生は同居されておられ、ご自宅には国文学科を中心にたくさんの学生たちが出入りし、「読書会」が行われていました。本の読み合わせは「輪講」形式で行われ、「カンカンガクガク」の楽しさに引き込まれ、たびたびお邪魔するようになりました。以後K先輩とともに訪問し両先生から指導を受け、今も私の人生観に生き続けています。

当時貧乏学生の私が、そんなご縁からこの十数年、古庄先生のサポートというかたちでしたが、「川島つゆ」の生涯を追い続けてきました。そして、大正・昭和を女一人で生き抜いてこられた川島先生が、ご自身の〝最期〟をご自分の〝意志〟で決められ、実行されたことの意味を問い続けてきました。

『評伝 川島つゆ』上巻のサブタイトル「己《おの》が墳《はか》は己《おの》が手に築くべきである」は、先生の「死」に対するお気持ちやお覚悟が述べられたものと考え、古庄先生へ提案・採用されたものでした。

川島先生は人の「死」に対して、二度の大きな体験をなさっていらっしゃいます。最初は一九二三（大正一二）年、東京本所横網町時代の「関東大震災」の被災。自宅そばから二、三分の「被服廠跡」の大惨事を体験されたのでした。二回目は一九四五（昭和二〇）年三月、太平洋戦争の敗戦まぎわの東京大空襲で、代々木練兵場そばで大量の人々の「死」を身近に体験されたことです。

いま一つ、個人的に「死」を強烈に意識されたのは、敗戦間際に東京の若い女性に配布されたという「自決用青酸カリ」であろうと思われます。この「自決用青酸カリ」は、別府へ赴任されてもしばらくは、お持ちになっていらっしゃったようです。

生涯に数多くの死を見聞きされてこられた先生は、いつ訪れるかもしれない死を覚悟して生きてこられたであろうことは、我々が考えるより「自然」であったのかもしれません。

もう一つの重要なポイントと考えますのは、先生ご自身の東京の人らしい考え方「粋」と「恥」の感覚ではないかと思います。八〇歳を迎えられ、病気がちであった先生は、入退院を繰り返しておられました。日々老いてゆく肉体と変わりゆく容姿を「これ以上世間にさらしたくない」という「恥」の意識が、ご自身の人生の終着点を「この時」とお決めになられたのではなかったかと思います。

先生は明治・大正・昭和の激動の中心東京で、一流の男性研究者のなかに、女一人で生きてこられました。大正デモクラシーのなかで多くの人々に育てられ、軍国主義の弾圧のなかを生きぬいてこられた先生の生涯は、まさに、日本の「女性史」そのものにみえます。

赴任された別府大学で、戦中から研究されてきたその成果『女流俳人』、岩波書店の日本古典文学大系『一茶集』を世に出しました。その華やかな研究者は、岩波の古典文学大系完成の式典で、最先端の一人として認められたのでした。

川島先生の葬儀には、古くからの友人で島崎藤村夫人の島崎静子氏から送られてきた手紙も添えられていました。その最後の結びには「墓前に一輪のお花でも……」と記されていました。

二〇二〇年三月二〇日

おわりに

本書には川島つゆ先生の作品を、いささか過剰に引用させていただいております。かつて先生が雑誌等にお書きになられた文章も、今となりましては簡単には読むことができません。拙書をお読みくださる皆さまに、川島先生のお声を、直接お届けしたいと思いました。その箇所は、少し過剰でも省かずにおきました。お読みいただければ嬉しゅうございます。

本書は古庄ゆき子と園田博の共著ともいうべきものです。昨年（二〇一八）一〇月以来、私が約半年間にわたり入退院を繰り返して、本書の完結もおぼつかなくなり、止むを得ず資料整理・引用を入れるだけで手一杯の園田博さんにお願いして、書く側にも少し力を貸していただくことにしました。

東京の坂本彰さんには沼田頼輔・つゆ夫妻にかかわる資料を丹念に集めていただきましたのに、使う力が私にはありませんでした。深くお詫びし、彼のご協力に感謝いたします。

また、本書『評伝　川島つゆ』上・下巻発刊にあたり、お世話になり、励ましていただいたのはドメス出版の矢野操さんでした。ようやく完成させることができました。本当にありがとうございました。

これまで私を支え励ましてくれた別府大学関係者の皆さま、多くの友人や知人の皆さまに心から感謝申し上げます

二〇二〇年四月二〇日

別府鉄輪にて

古庄ゆき子

古庄　ゆき子（こしょう ゆきこ）

1929年　大分県国東市安岐町生まれ
1953年　別府女子大学（現 別府大学）国文科卒
1995年　別府大学名誉教授

著書『ふるさとの女たち—大分近代女性史序説』（ドメス出版　1975年）
『豊後おんな土工—大分近代女性史序説』（ドメス出版　1979年）
『大分おんな百年』（ドメス出版　1993年）
『ここに生きる—村の家・村の暮らし』（ドメス出版　2002年）
（第51回日本エッセイスト・クラブ賞受賞）
『自ら発光体となろう—大分の女たち』（ドメス出版　2005年）
『評伝 川島つゆ（上）—己《おの》が墳《はか》は己《おの》が手に築くべきである』（ドメス出版　2014年）

共編著 加納実紀代編『女性と天皇制』（思想の科学社　1979年）
安部博純　岩松繁俊編 『日本の近代化を問う』（勁草書房　1982年）
朝日ジャーナル編『女の戦後史 Ⅱ』（朝日新聞社　1985年）
『資料 女性史論争』（ドメス出版　1987年）
古庄ゆき子著『野上彌生子』（大分県教育委員会　2011年）
古庄ゆき子編『野上彌生子』改版（ドメス出版　2011年）

評伝　川島つゆ　（下）

―売文とひともこそいへ……

2020年6月5日　第1刷発行
定価：本体2000円＋税
著　者　古庄　ゆき子
発行者　佐久間光恵
発行所　株式会社　ドメス出版
東京都文京区白山3-2-4　〒112-0001
振替　00180-2-48766
電話　03-3811-5615
FAX　03-3811-5635
http://www.domesu.co.jp
印刷・製本　株式会社　太平印刷社

ISBN978-4-8107-0851-6　C0036